Klaus Wengst,
Ostern – Ein wirkliches Gleichnis

Klaus Wengst

Ostern – Ein wirkliches Gleichnis, eine wahre Geschichte

Zum neutestamentlichen Zeugnis von der Auferweckung Jesu

Chr. Kaiser

CIP-Titelaufnahme der Deutschen Bibliothek
Wengst, Klaus
Ostern – Ein wirkliches Gleichnis, eine wahre Geschichte /
Klaus Wengst. – München: Kaiser, 1991
(Kaiser-Taschenbücher; 97)
ISBN 3-459-01892-5
NE: GT

Umschlag: Ingeborg Geith, München
Unter Verwendung des Motives »Christus erscheint der Magdalena«
von Frá Angelico (1387–1455)
Satz: Breklumer Druckerei Manfred Siegel KG
Druck und Bindung: Clausen & Bosse, Leck
Printed in Germany

Dem Gedenken
an
Horst Albrecht
(1941–1990)

Inhalt

Vorwort

Bei der Entstehung dieses Büchleins habe ich die Erfahrung gemacht, daß es selbst bei einem so zentralen theologischen Thema wie »Auferstehung« äußerer Anstöße bedurfte, um mich intensiver mit ihm zu beschäftigen. Den ersten Anstoß gaben die evangelische und katholische Gemeinde in Bochum-Laer, als sie für ihre jährliche Reihe »Gemeinden im Gespräch« im Novemver 1985 von mir Auskunft erbaten über »Biblische Grundlagen der Auferstehungshoffnung«. An dem bei dieser Beschäftigung mit dem Thema Gelernten arbeitete ich weiter in einer gemeinsamen Vorlesung mit den Freunden und Kollegen Hans-Eckehard Bahr, Jürgen Ebach und Konrad Raiser im Wintersemester 1986/87 über »Umgang mit Niederlagen«. Zur Auseinandersetzung mit diesem Thema hatte uns die Beobachtung um sich greifender Resignation in der Friedensbewegung veranlaßt. In diesem Kontext habe ich die Aussagen, die das Aufkommen der Auferstehungsvorstellung in der Hebräischen Bibel und im Judentum bezeugen, und die Aussage von der Auferweckung Jesu als Umgangsweisen mit Niederlagen gelesen (vgl. Einwürfe 5, München 1988, 155–179). In einem Hauptseminar zum Thema »Auferstehung« im Wintersemester 1987/88 stieß ich auf die rabbinische Diskussion über Ezechiel 37, die in der ersten Einleitung besprochen wird und die darüber hinaus für das ganze Büchlein Bedeutung hat. (Ihre entscheidenden Passagen stehen nicht in Paul Billerbecks »Kommentar zum Neuen Testament aus Talmud und Midrasch«, aber ohne dessen Benutzung hätte ich sie nicht gefunden.) Die Aufforderung, während der Barth-Tagung im Juli 1988 auf dem Leuenberg zum Thema »Die Auferweckung Jesu Christi« das neutestamentliche Referat zu halten, veranlaßte mich zu einer Zusammenfassung des bis dahin Erarbeiteten (vgl. Zeitschrift für Dialektische Theologie 4, 1988, 149–183). Die Struktur des Referats liegt auch diesem Büchlein zugrunde, zu dessen Ausarbeitung ich nach einem erneuten Hauptseminar zum Thema im Sommer 1990 Zeit fand.

Ich habe versucht, für am Thema Interessierte zu schreiben, die keine theologische Ausbildung haben. Deshalb fehlt auch ein Anmerkungsapparat mit Verweisen und Auseinandersetzungen. Daß ich von vielen in Aufnahme und Widerspruch gelernt habe, ist selbstverständlich, sei aber doch ausdrücklich erwähnt.

Ich danke denjenigen, die eine erste Fassung des Manuskripts gelesen und mir durch Fragen, Hinweise und Ermutigung geholfen haben: Peter Bukowski, Karin Gimm, Gabi Jancke-Leutzsch, Dr. Martin Leutzsch, Edith Lutz, Sigrid Middeldorf. Für die Erstellung des Manuskripts danke ich einmal mehr Frau Edith Lutz, für die des Registers Sigrid Middeldorf, beiden für Hilfe beim Korrekturlesen.

Ich widme dieses Büchlein dem Andenken an Horst Albrecht, mit dem ich nach gemeinsamen Studienjahren in Bethel, Tübingen und Bonn und nach langen Jahren auf unterschiedlichen Wegen so gerne noch eine gemeinsame Lehr- und Studienzeit gehabt hätte.

Bochum, im Dezember 1990 Klaus Wengst

I. Erste Einleitung: Eine rabbinische Diskussion über Ezechiel (Hesekiel) 37

Am Schaft des siebenarmigen Leuchters vor dem Parlamentsgebäude in Jerusalem findet sich über einer Darstellung des Aufstands im Warschauer Ghetto ein Relief, das von Kapitel 37 des Buches Ezechiel (Hesekiel) inspiriert ist: Aus seinem linken oberen Teil wehen die vier Winde und bauschen das Gewand eines jungen Mannes auf, der sich, kraftvoll vorwärts schreitend, aus dem Bild heraushebt. Er blickt auf menschliche Skelette zu seinen Füßen, überspannt von seinen im Gehen weit ausgebreiteten Armen. Von seinen Händen scheint Segen auszugehen, der den Skeletten Fleisch und Geist vermittelt und sie dazu bringt, sich aufzurichten. An dieser Stelle und in diesem Kontext symbolisiert das Relief die Rückkehr der Juden ins Land Israels und qualifiziert sie als Auferstehung der Toten, als erneute Einlösung der im biblischen Text gegebenen Verheißung, als Zeichen der Treue Gottes zu seinem Volk.

Der Text Ezechiel 37,1–14 bietet in seinem ersten Teil eine eindrückliche Visionsschilderung. Der Prophet wird vom Geist Gottes in ein Tal geführt, das von zahlreichen, völlig ausgedorrten Gebeinen bedeckt ist. Auf die Frage Gottes, ob diese Gebeine leben werden, antwortet er: »Mein Herr, DU, du weißt es.« Daraufhin erhält er den Auftrag, den Gebeinen zu verkünden, daß sie leben werden, daß Gott ihnen Sehnen, Fleisch und Haut sowie Geist geben wird. Bei der Ausführung des Auftrages entsteht großer Lärm; die Gebeine rücken aneinander und erhalten Sehnen, Fleisch und Haut, aber noch keinen Geist. Erst ein erneuter Auftrag an den Propheten, den Geist bzw. Wind – im Hebräischen ist es dasselbe Wort – aufzufordern, von den vier Winden her »diese Erschlagenen« anzublasen, und dessen Ausführung bringen die Gebeine zum Leben. »Und da stellten sie sich auf ihre Füße, ein sehr, sehr großes Heer.«

Der zweite Teil des Textes gibt eine Deutung: »Diese Gebeine: das ganze Haus Israel sind sie. Siehe, sie sprechen: Verdorrt sind unsere Gebeine, und unsere Hoffnung ist geschwunden, abgeschnitten sind wir.« Daran wird die Verheißung angeschlossen, daß Gott sie aus ihren »Gräbern« herausführen und in das Land Israels bringen wird.

Dieser Text will den Israeliten im babylonischen Exil Mut machen: Sie, die in tiefe Resignation verfallen sind, denen in ihrer Isolation die Luft zum Atmen ausgegangen zu sein scheint, die so perspektivlos existieren, daß sie mit Totengebeinen verglichen werden müssen – sie werden wieder aufatmen, »lebendig« werden und zurückkehren. Die Rückkehr ins Land Israels wird hier nicht als zweiter Exodus, als erneuter Auszug aus der Sklaverei in Ägypten beschrieben, sondern als neue Schöpfung, als Leben aus den Toten. Daher ist es fast selbstverständlich, daß dieser Text immer wieder in Erörterungen über die Auferstehung herangezogen wurde. Besonders eindrucksvoll geschieht das in einer rabbinischen Diskussion, wie sie im Traktat Sanhedrin im babylonischen Talmud (92b) überliefert wird. In dieser Überlieferung werden Diskussionsbeiträge zusammengestellt und auf verschiedene Rabbinen zurückgeführt. Da deren Wirkungszeit bis zu sechzig Jahren auseinanderliegt und der letzte Diskussionsteilnehmer vierzig Jahre vor seinen unmittelbaren Vorrednern gewirkt hat, ist deutlich, daß nicht das Protokoll einer tatsächlich so abgelaufenen Diskussion wiedergegeben wird. Es liegt vielmehr eine überlegte Zusammenstellung von Aussagen vor, die von bestimmten Rabbinen überliefert oder ihnen zugeschrieben werden. Diese Rabbinen sind: Eliezer ben Hyrkanos und Jehoschua ben Chananja (um 90), Jehuda ben Elai, Nechemja und Eliezer, Sohn des Rabbi Jose des Galiläers (um 150), und Jehuda ben Bathyra (um 110).

Es wird gelehrt:
Rabbi Eliezer sagte: Die Toten, die Ezechiel lebendig gemacht hat, stellten sich auf ihre Füße, sangen ein Lied und starben. Und was für ein Lied sangen sie? Der HERR tötet in Gerechtigkeit und macht lebendig in Erbarmen.
Rabbi Jehoschua sagte: Dieses Lied sangen sie: Der HERR tötet und

> macht lebendig, er stürzt in die Unterwelt und führt herauf.
> Rabbi Jehuda sagte: Ein wirkliches Gleichnis war es.
> Da sagte zu ihm Rabbi Nechemja: Wenn wirklich, wieso ein Gleichnis, und wenn ein Gleichnis, wieso wirklich? Vielmehr: In Wirklichkeit war es (nur) ein Gleichnis.
> Rabbi Eliezer, der Sohn des Rabbi Jose des Galiläers, sagte: Die Toten, die Ezechiel lebendig gemacht hat, zogen hinauf in das Land Israels, nahmen Frauen und zeugten Söhne und Töchter.
> Da stellte sich Rabbi Jehuda ben Bathyra auf seine Füße und sagte: Ich bin von den Kindern ihrer Kinder; und das sind die Gebetsriemen, die mir mein Großvater von ihnen hinterlassen hat.

Diese Überlieferung steht im Traktat Sanhedrin im Kontext ausführlicher Debatten über die Auferstehung. Besonders geht es immer wieder um die Frage, woher es aus Tora, Propheten und Schriften zu entnehmen ist, daß Gott die Toten lebendig machen wird. Dabei ist es aufschlußreich, daß an einer Stelle wenige Seiten vorher Ezechiel 37 von den Sadduzäern als Einwand gegen eine andere Stelle angeführt wird, die die Auferstehung der Toten als biblisch bezeugen soll (90b). Rabbi Gamliel nennt dort als Beleg aus den Propheten Jesaja 26,19: »Deine Toten werden leben, meine Leichen werden aufstehen. Wacht auf und jubelt, die ihr im Staube liegt; denn Tau der Lichter ist dein Tau, und die Erde wird die Verstorbenen herausgeben.« Die Sadduzäer, die den Glauben an die Auferstehung der Toten nicht teilen, halten dem entgegen: »Aber vielleicht sind hier die Toten gemeint, die Ezechiel lebendig gemacht hat.« Vorausgesetzt ist dabei, daß diese lebendig gemachten Toten ja wiederum gestorben sind, daß es hier also nicht um die endzeitliche Auferstehung der Toten geht. Die Voraussetzung, daß die Toten, die Ezechiel lebendig gemacht hat, wieder gestorben sind, wird von der eben zitierten rabbinischen Diskussion geteilt. Sie zeigt jedoch verschiedene Möglichkeiten auf, wie dieser Text dennoch als Zeugnis für die Auferstehung der Toten gelesen werden kann.

Daß Ezechiel durch sein im Auftrag Gottes erfolgendes Handeln Tote lebendig gemacht hat, ist bei fünf der sechs Rabbinen kein Problem, sondern Voraussetzung, die aus dem wörtlich verstandenen biblischen Text übernommen und im

Nebensatz festgehalten wird. Die Frage, die sie beantworten, lautet lediglich, was diese lebendig Gemachten dann weiter getan haben. Die erste Aussage, die Rabbi Eliezer ben Hyrkanos in dieser Hinsicht von ihnen macht, ist ebenfalls noch eine Übernahme aus dem biblischen Text: »Sie stellten sich auf ihre Füße.« Sich auf die Füße zu stellen, ist Ausdruck der Lebendigkeit. Vom sterbenden Jakob heißt es dagegen in 1. Mose 49,33: »Und da zog er seine Füße aufs Bett zurück und verschied.« Eliezer liest die Visionsschilderung des Propheten Ezechiel so, als sei dort von tatsächlich belebten Toten die Rede. Aber was er über sie dann auszuführen weiß, wirkt gegenüber dem normalen Leben seltsam unwirklich. Sie sind wirklich ins Leben zurückgekehrt, aber es ist doch keine Rückkehr ins normale Leben. »Sie sangen ein Lied und starben.« Wozu sind sie lebendig gemacht worden, wenn sie doch gleich wieder sterben müssen? Waren sie nur ein Demonstrationsobjekt für die Auferstehungsmacht Gottes, in dessen Auftrag der Prophet ja handelte? Aber Eliezer begnügt sich nicht mit der bloßen Feststellung des Faktums, daß sie zum Leben gekommen und wieder gestorben sind. Etwas mehr sagt er doch. Sie sind dazu lebendig gemacht worden, um ein Lied zu singen. Ein Lied gesungen zu haben – das ist offenbar genug. Etwas vorher im Traktat Sanhedrin werden mehrere Stellen der Schrift, die vom Preisen Gottes sprechen, auf die Auferstehung gedeutet (91b). Nach einer weiteren Tradition, die u. a. auf Rabbi Jehoschua ben Chananja zurückgeführt wird, schafft Gott jeden Morgen eine Engelschar; sie singen ein neues Lied und hören auf zu existieren (Traktat Chagiga 14a im babylonischen Talmud; Midrasch Rabba zu 1. Mose 32,26 und zu Klagelieder 3,23). Die von Ezechiel lebendig Gemachten haben Gott gepriesen; das ist der Sinn ihres Auferstehungslebens. Sie waren sozusagen Engel, deren Existenz nur im Preisen Gottes Sinn und Erfüllung hat. Für Eliezer liegt alles Gewicht auf dieser Aussage, daß sie ein Lied sangen. Das zeigt sich daran, daß er am Schluß seines Beitrages den Text dieses Liedes ausdrücklich angibt: »Der HERR tötet in Gerechtigkeit und macht lebendig in Erbarmen.« Vom unmittelbaren Kontext her können »töten« und »lebendig machen«

nicht übertragen verstanden werden; und die Einordnung des Stückes in diesen Zusammenhang des Traktates Sanhedrin macht deutlich, daß letzteres auch die endzeitliche Totenauferweckung einbezieht. Dafür werden die Sänger des Liedes zu Zeugen. Was sie singen, entspricht genau ihrem in Ezechiel 37 erzählten Schicksal, wie Rabbi Eliezer es versteht: Was dort erzählt wird, ist wirklich geschehen, aber diese Wirklichkeit ist zugleich ein Gleichnis für das endzeitliche Handeln Gottes. Gerade so werden die von Ezechiel lebendig gemachten Toten zum Gleichnis, daß nicht mehr von ihnen erzählt wird, als daß sie dieses Lied sangen, das Zeugnis ablegt vom Handeln Gottes. Das Auferstehungsleben ist offenbar nicht einfach Fortsetzung des Lebens vor dem Tod und kann nicht angemessen als solche Fortsetzung beschrieben werden. Andererseits kann aber das Lied, das Rabbi Eliezer den von Ezechiel lebendig Gemachten in den Mund legt, sehr wohl schon von Menschen vor ihrem Tod gesungen werden. Im Preisen Gottes, der in seiner Barmherzigkeit Leben gibt, gewinnt Auferstehungshoffnung Raum.

Die Änderung, die Rabbi Jehoschua ben Chananja an der Aussage von Rabbi Eliezer anbringt, betrifft allein den Text des Liedes, das die von Ezechiel lebendig Gemachten singen: »Der HERR tötet und macht lebendig, er stürzt in die Unterwelt und führt herauf.« Das ist zwar kein sachlicher Unterschied gegenüber dem zuvor gebrachten Lied, ist aber wörtliches Zitat von 1. Samuel 2,6. Das Zeugnis für Gottes endzeitliches Handeln der Totenauferweckung erfolgt also mit dem Wort der Schrift. Schrift wird durch Schrift ausgelegt. Im Zeugnis der Sänger wird so Gott selbst zum Zeugen der Auferstehung, die sich im Geschick der Sänger schon gleichnishaft ausprägt.

Daß im Zitat des Rabbi Jehoschua wirklich die endzeitliche Totenauferweckung im Blick ist und nicht nur ein bedeutsames Geschehen zur Zeit Ezechiels, wird auch aus der Auslegung deutlich, die kurz vorher im Traktat Sanhedrin die sachlich parallele Aussage von 5. Mose 32,39 erfährt (91b). In diesem Bibeltext heißt es von Gott: »Ich werde töten und lebendig machen; ich habe verwundet, und ich werde heilen.« Dazu wird bemerkt: »›Ich werde töten und lebendig machen.‹ Man könnte annehmen, daß sich Tod auf die eine und Leben auf eine andere Person beziehen, wie es in der Welt üblich ist (wo der eine getötet und der andere gerettet wird). Die Schrift aber sagt: ›Ich habe verwundet, und ich werde heilen.‹ Wie sich Verwundung und Heilung auf dieselbe Person beziehen, so auch Tod und Leben. Von daher hat man eine Erwiderung gegen diejenigen, die behaupten, die Auferstehung der Toten sei nicht aus der Tora zu entnehmen.«

Der nur aus drei hebräischen Worten bestehende kurze Satz des Rabbi Jehuda ben Elai bringt die vorangehenden Aussagen auf den Punkt: »Ein wirkliches Gleichnis war es.« Man könnte auch übersetzen: »Eine wahre Geschichte war es«, »eine wahre Erzählung«. »Gleichnis«, »Vergleich«, »Erzählung«, »Dichtung« sind mögliche Bedeutungen des hebräischen Wortes *maschal.* Mit *maschal* ist hier *aemaet* zusammengestellt: Wirklichkeit, Wahrheit, Beständigkeit, Zuverlässigkeit und Treue – all das enthält dieses hebräische Wort. Was in Ezechiel 37 steht, ist demnach nicht nur Gleichnis oder Erzählung, und es war nicht nur »Faktum«, sondern beides zugleich. Es ist ein Gleichnis, das in ungeheurer Weise wirklichkeitshaltig ist, eine Geschichte voll von Wahrheit, die die Treue und Zuverlässigkeit Gottes zuspricht. *aemaet* ist das Siegel Gottes. So erzählt es eine Tradition im Traktat Yoma im babylonischen Talmud: »Ein Zettel fiel vom Himmel herunter, auf dem geschrieben stand: *aemaet.* Rabbi Chanina sagte: Hieraus ist zu entnehmen, daß *aemaet* das Siegel des Heiligen, gepriesen sei er, ist« (69b). Und weil es um die Wirklichkeit und Wahrheit des »treuen Gottes« geht, »der den Bund und die Barmherzigkeit bewahrt« (5. Mose 7,9), der seine menschlichen Bundespartner nicht der Wesenlosigkeit des Todes überläßt, ist von Auferstehung die Rede. Deshalb aber weist das bei Ezechiel Erzählte zugleich über sich hinaus; es enthält mehr als das dort berichtete Geschehen, ist gleichnishaft für Gottes Beständigkeit und Treue, die in der Auferstehung der Toten zum Ziel kommt.

Der Einwand des Rabbi Nechemja reißt Gleichnis und Wirklichkeit auseinander: »Wenn wirklich, wieso ein Gleichnis, und wenn ein Gleichnis, wieso wirklich?« Wirklichkeit und Gleichnis schließen ihm zufolge einander aus; und so spricht er dem Ezechiel 37 Berichteten den Charakter der Wirklichkeit eines tatsächlichen Geschehens ab: »In Wirklichkeit war es (nur) ein Gleichnis.« Im hebräischen Text enthält dieser Satz nur einen einzigen Buchstaben mehr als die Aussage des Rabbi Jehuda ben Elai.

Im Traktat Baba Bathra im babylonischen Talmud vertritt ein Gelehrtenschüler die These: »Ijob (Hiob) hat nicht existiert und ist nicht erschaffen worden, sondern er war (nur) ein Gleichnis *(maschal)*.« Er stützt das mit dem Hinweis auf die Erzählung des Propheten Natan in 2. Samuel 12,1–4 vom armen Mann, dessen einziges Lamm der reiche Mann wegnimmt und es einem Gast zum Mahl zubereitet. Mit dieser Erzählung wird David seines Unrechts an Urija überführt, den er umbringen ließ und dessen Frau Batseba er nahm. Hier liegt es auf der Hand, daß es sich um einen *maschal*, ein Gleichnis handelt. Und so folgert der Gelehrtenschüler, daß auch Ijob »bloß ein Gleichnis« war (15a). Die Wahrheit des Erzählten hängt in beiden Fällen nicht daran, ob sich das erzählte Geschehen auch tatsächlich ereignet hat; sie ist unabhängig davon, ob es den Raub dieses Lammes oder den Mann namens Ijob gegeben hat. In dieser Weise versteht Rabbi Nechemja auch den Text Ezechiel 37. In ihm wird nicht tatsächliches Geschehen wiedergegeben, kein Faktum berichtet, sondern er ist Gleichnis. Für das ursprüngliche Verständnis dieses Textes ist ihm gewiß recht zu geben. Die Totengebeine symbolisieren die hoffnungslose Lage der Exilierten, und deren Belebung steht für die Verheißung der Rückkehr ins Land Israels durch Gott. »In Wirklichkeit war es (nur) ein Gleichnis.« Das erzählte Geschehen, die Totenbelebung, hat selbst keine eigene Wirklichkeit; die Toten, von denen da erzählt wird, gibt es nur in der Erzählung, und nur in der Erzählung sind sie lebendig gemacht worden, nicht aber in Wirklichkeit. Natürlich verweist die Erzählung als Gleichnis auch auf Wirklichkeit, aber enthält sie nicht selbst.

Gegen die so aufgeklärt wirkende Skepsis des Rabbi Nechemja richtet sich der Protest der beiden letzten in dieser

Überlieferung zu Wort kommenden Rabbinen. Sie pochen auf die Wirklichkeit des Berichteten als eines tatsächlichen Geschehens. Rabbi Eliezer, der Sohn des Rabbi Jose des Galiläers, weiß über die von Ezechiel lebendig Gemachten viel mehr zu sagen, als Rabbi Eliezer ben Hyrkanos zu sagen wagte: »Sie zogen hinauf in das Land Israels, nahmen Frauen und zeugten Söhne und Töchter.« Innerhalb des Überlieferungsstückes liegt hier eine Anknüpfung vor an das letzte Wort des nach Rabbi Jehoschua gesungenen Liedes: »und führt herauf«. Das wird aufgenommen mit: »Sie zogen hinauf«. Zugrunde liegt im Hebräischen dieselbe Wurzel; von ihr gebildete Worte sind bis heute gängig gewordene Begriffe für die Einwanderung ins Land Israels. Die von Ezechiel lebendig Gemachten gelten hier als Einwanderer ins Land; sie werden zu Ehemännern – nach dieser Deutung handelt es sich bei ihnen offenbar ausschließlich um Menschen männlichen Geschlechts – und Vätern, die die Geschichte des Volkes fortsetzen. Daran knüpft der Beitrag des Rabbi Jehuda ben Bathyra unmittelbar an, indem er sich als deren Nachkommen ausgibt und dafür auch einen »Beweis« vorlegt: »Ich bin von den Kindern ihrer Kinder; und das sind die Gebetsriemen, die mir mein Großvater von ihnen hinterlassen hat.« Hier zeigt es sich, daß es beim Pochen auf die Faktizität des in Ezechiel 37 Berichteten um die Wirklichkeit geht, die im Leben des Volkes Israel in der Folge der Generationen liegt. Aber was hat das mit der endzeitlichen Auferstehung der Toten zu tun, die doch das beherrschende Thema des Kontextes im Traktat Sanhedrin ist? Vielleicht dies: Nur im Leben des Volkes wird auch das Zeugnis Gottes, der die Toten lebendig macht, lebendig erhalten. Mehr aber noch ist folgendes hervorzuheben: Wenn sich Rabbi Jehuda ben Bathyra als Abkömmling der von Ezechiel lebendig Gemachten ausgibt, heißt das ja, daß es ihn selbst nur deshalb gibt, weil Gott schon als solcher gehandelt hat, der Tote lebendig machte. Er ist nur da aufgrund des Wirkens des totenerweckenden Gottes. Die Einwanderer ins Land gelten als die von Ezechiel lebendig Gemachten. So könnte die eigene Existenz zum Gleichnis werden: Hier wirkt Gott, der Leben schafft, der auch die Toten lebendig machen wird. Daß so verstanden werden kann, dafür gibt der Text dieser Überlieferung einen ausdrücklichen Hinweis, wenn er den Beitrag des Rabbi Jehuda ben Bathyra mit den Worten einführt: »Da stellte er sich auf seine Füße.« Ebenso hatte es in Aufnahme des biblischen Textes zu Beginn bei Rabbi Eliezer ben Hyrkanos von den bei Ezechiel lebendig Gemachten geheißen.

Das Überlieferungsstück über die Diskussion zu Ezechiel 37 stellt verschiedene Aussagen zusammen. Es wird nicht gewertet, nicht zwischen richtig und falsch unterschieden. Alle Aussagen mit ihrem je eigenen Akzent sind mögliche Interpretationen und werden bewahrt. Für unser Bedenken der Rede von der Auferweckung Jesu könnte es besonders hilfreich und lohnend sein, den kurzen Satz des Rabbi Jehuda ben Elai im Gedächtnis zu behalten: »Ein wirkliches Gleichnis war es.« Er könnte dazu anleiten, Gleichnis und Wirklichkeit, Geschichte und Wahrheit zusammenzudenken und nicht nach der einen oder anderen Richtung auseinanderfallen zu lassen.

II. Zweite Einleitung: Skizze der jüdischen Voraussetzungen des neutestamentlichen Zeugnisses von der Auferweckung Jesu

Daß Gott Jesus von den Toten auferweckt hat, ist zuerst in einem jüdischen Kontext gesagt und verstanden worden. Deshalb ist es notwendig, zunächst eine knappe Darstellung über das Verständnis des Todes in der Hebräischen Bibel und über das Aufkommen der Auferstehungshoffnung im Judentum zu geben.

»Und Abraham verschied und starb in gutem Alter, alt und lebenssatt; und er wurde versammelt zu seinen Stammesgenossen.« So heißt es 1. Mose 25,8; und ähnlich wird an weiteren Stellen von anderen Menschen gesprochen. »Ein gutes Alter« erreicht haben, »alt und lebenssatt« sein – wenn das gesagt werden kann, ist es gut. »Lebenssatt« meint nicht: des Lebens überdrüssig. Wörtlich übersetzt heißt es: »satt an Tagen«; das meint: gesättigt von hinreichender Zeit, ein volles Maß gehabt haben, zur ganzen Reife gekommen sein. So kann im Buch Ijob (Hiob) der Alterstod mit einem Erntebild verglichen werden: »Du wirst im Alter zu Grabe kommen – wie das Einbringen der Garbe zu ihrer Zeit« (5,26). Dementsprechend heißt es auch am Schluß dieses Buches: »Und Ijob starb alt und lebenssatt« (42,17).

Der Alterstod kann als eine Gegebenheit des begrenzten menschlichen Lebens nüchtern akzeptiert werden. Er ist ein definitives Ende. Das alte Israel kannte keine Auferstehungshoffnung, kein wirkliches Leben nach dem Tod. Die Toten existieren in einer nur schattenhaften Weise fern von Gott in der *scheol*, der Unterwelt. Das Weiterwirken dieser Vorstellungen auch in späterer Zeit belegt eindrucksvoll Kapitel 14 des Buches Ijob. Wird ein Baum abgehauen, heißt es dort in den Versen 7 bis 9, so gibt es doch Hoffnung für ihn, denn er kann wieder Schößlinge treiben.

Ein Mann aber stirbt und wird hinfällig,
es verscheidet ein Mensch – und wo ist er?
Wasser im See geht zur Neige,
und ein Fluß versiegt und trocknet aus;
und ein Mensch legt sich hin und steht nicht mehr auf,
bis der Himmel nicht mehr ist,
werden sie nicht aufwachen
und nicht auferweckt werden aus ihrem Schlaf.
(Ijob 14,10–12)

Weil es sich aber so verhält, daß es für den Menschen nach seinem Tod keine Hoffnung gibt, wird der unzeitige Tod als bedrohlich und schrecklich empfunden. Dementsprechend werden in den Psalmen eindringliche Bitten laut, vor solchem Tod bewahrt, aus lebensbedrohender Krankheit errettet zu werden.

Kehre um, HERR, errette mein Leben!
Hilf mir um Deiner Güte willen!
Denn im Tode gedenkt man Deiner nicht;
wer wird in der Unterwelt Dich preisen?
(Psalm 6,5f)

Was für Gewinn hast Du an meinem Blut,
wenn ich zum Grab hinabsteige?
Wird der Staub Dich preisen,
Deine Treue verkünden?
(Psalm 30,10)

Gott wird gefragt, was er denn davon habe, wenn der Beter oder die Beterin unzeitig stirbt; er verlöre damit jemanden, der oder die ihn preist. Er ist doch nur Gott zusammen mit denen, die ihn preisen, die sein heilvolles Handeln in der Geschichte des Volkes und an ihnen selbst bekannt machen und weiter erzählen. So heißt es im Buch Jesaja:

Denn nicht wird die Unterwelt Dich preisen,
der Tod Dich nicht rühmen.
Die zur Grube hinabsteigen
werden nicht auf Deine Treue hoffen.
Wer lebt, wer lebt, der preist Dich
wie ich heute.

Der Vater macht den Kindern bekannt
Deine Treue.
(38,18f)

Zwischen Gott und der Welt der Toten gibt es offenbar keine Verbindung. »Die Toten rühmen den HERRN nicht, keiner von allen, die zur Stille hinabsteigen«, heißt es lapidar in Psalm 115,17. Daß der Bereich der Toten von Gott getrennt gedacht wurde, zeigen eindrücklich Ausschnitte aus Psalm 88:

Fürwahr, mit Leiden gesättigt ist meine Seele,
und mein Leben reicht an die Unterwelt.
Ich werde zu denen gerechnet, die zur Grube hinabsteigen,
ich bin wie ein Mann, der keine Kraft mehr hat.
Unter den Toten bin ich hingestreckt,
Erschlagenen gleich, die im Grabe liegen,
derer Du nicht mehr gedenkst
und die von Deiner Hand geschieden sind.
(4–6)

Ich rufe zu Dir, HERR, jeden Tag,
ich strecke meine Hände aus zu Dir.
Wirst Du an den Toten Wunder tun?
Werden etwa Schatten aufstehen, Dich preisen?
Wird von Deiner Güte im Grab erzählt werden
und von Deiner Treue im Abgrund?
Werden Deine Wunder in der Finsternis kund
und Deine Solidarität im Land des Vergessens?
(10–13)

Die hier gestellten Fragen sind rhetorische Fragen, die der Beter oder die Beterin selbstverständlich mit »Nein« beantwortet. Deshalb erfleht er oder sie Heilung von Gott, um ihm als wirklich lebendiger Mensch dienen und ihn preisen zu können. Gott soll jetzt rettend eingreifen und wunderbar helfen, jetzt seine Treue und Solidarität erweisen.

Im Blick auf die zitierten Psalmen-Texte ist aber noch ein anderer Aspekt zu betonen: Die Bitte um Lebenserhaltung ist nicht vom Wunsch der Menschen her formuliert, daß sie doch noch so gern leben möchten. Natürlich möchten sie das. Aber die Psalmisten denken von Gott her. An seine Treue, an seine

Zusage wird appelliert. Die Geltung von Gottes Verheißung steht auf dem Spiel. In Psalm 115,1f heißt es ausdrücklich:

> Nicht uns, HERR, nicht uns,
> sondern Deinem Namen gib Ehre
> um Deiner Güte, um Deiner Treue willen!
> Warum sollen die Heiden sagen:
> Wo ist denn ihr Gott?

Wird Israel niedergemacht – hier ist nicht der einzelne im Blick, sondern das ganze Volk –, stehen Gottes Zusagen in Frage. Angesichts erfahrenen Leidens, angesichts drohender Niederlagen, die doch zugleich Niederlagen Gottes wären, wird hier eindringlich an Gottes Verheißungstreue appelliert.

Auf dem Hintergrund des bisher Dargestellten konnten folgende Fragen entstehen: Was ist, wenn Menschen nicht »alt und lebenssatt« aus dem Leben scheiden? Wenn sie jung an Jahren dahingerafft werden? Wenn sie gewaltsam sterben? Wenn sie dabei nicht verruchte Frevler waren, die sich um Gottes Gebote nicht kümmerten, sondern wirklich Fromme, die treu zu ihrem Gott standen? Ja, wenn sie gerade deshalb sterben mußten, weil sie am Bekenntnis zum Gott Israels unverbrüchlich festhielten? Im Zusammenhang von Erfahrungen, die hinter solchen Fragen stehen, taucht an zwei Stellen der Hebräischen Bibel die Auferstehungshoffnung auf.

Das ist zuerst der Fall in dem Abschnitt 26,7–21 des Buches Jesaja. Er ist Teil einer kleinen Offenbarungsschrift, die jetzt die Kapitel 24 bis 27 umfaßt. Ihre Abfassungszeit ist unsicher. Es wird ein Entstehungsprozeß zwischen 500 und 300 v. Chr. angenommen. In Kapitel 26,7–21 handelt es sich um ein Klagelied des Volkes. Die hier sprechende Gemeinschaft hat schlimme Erfahrungen gemacht. Sie nimmt sie an als Gericht Gottes. Deshalb hält sie auch in der Not an Gott fest: »Auch auf dem Pfad Deiner Gerichte, HERR, harren wir Dein« (8). Im Blick auf Israels Feinde in der Vergangenheit, die das Gericht Gottes schon eingeholt hat, heißt es in alter Weise: »Tote werden nicht leben, Schatten nicht aufstehen. Daher hast Du sie heimgesucht und vernichtet und jedes Gedenken an sie schwinden lassen« (14). Auf die Klage des Volkes über seine bedrängte

Gegenwart, in der es unfähig ist, sich selbst und dem Land zu helfen, folgt dann aber in Vers 19 ein Heilsorakel:

> Leben sollen deine Toten,
> meine Leichen werden aufstehen.
> Wacht auf und jubelt, Bewohner des Staubes!
> Denn Tau der Lichter ist dein Tau,
> und die Erde wird die Schatten herausgeben.

Da hier keinerlei Hinweise auf bildliche Rede vorliegen, dürften diese Aussagen nicht nur in übertragener Weise eine glückliche Wendung im Ergehen des Volkes bezeichnen, sondern wirkliche Totenauferstehung meinen. Zumindest konnte es nicht ausbleiben, daß der Text in seiner weiteren Überlieferung so gelesen wurde. Daß sich die Verheißung der Auferstehung besonders auf die gewaltsam Umgekommenen bezieht, legt Vers 21 nahe:

> Denn siehe, der HERR wird herausgehen aus seinem Ort,
> um die Schuld der Erdenbewohner an ihnen heimzusuchen.
> Und die Erde wird das auf ihr vergossene Blut aufdecken
> und nicht mehr verbergen die auf ihr Erschlagenen.

Den ihm treu Gebliebenen, die deshalb bis zum Tod leiden mußten, erweist Gott seinerseits seine Treue, indem er sie wieder zum Leben erweckt.

Die andere Stelle steht im Danielbuch, das während der Verfolgungszeit unter Antiochos IV. zwischen 167 und 164 v. Chr. geschrieben wurde. Dieser seleukidische König trieb die Einführung griechischer Lebensart unter Zurückdrängung jüdischer Sitten und Gebräuche gewaltsam voran. Diese Hellenisierung wurde vom reformfreudigen Teil der Judenschaft mitgetragen. In der dadurch entstandenen Auseinandersetzung will der Verfasser die Frommen bestärken, die Treue zum Gott Israels im Befolgen der Gebote trotz der sie treffenden Leiden durchzuhalten. Gegen Schluß seines Buches verheißt er für die Zeit der größten Not am Ende »allen, die im Buch geschrieben gefunden werden«, das Entrinnen (12,1) und fährt dann fort:

> Und viele von denen, die im Erdenstaube schlafen, werden aufwachen, die einen zu ewigem Leben und die anderen zu Verhöhnungen und ewiger Abscheu. Und die Verständigen werden glänzen wie der Glanz der Himmelsfeste, und die, welche vielen zur Rechtschaffenheit verholfen haben, wie Sterne für immer und ewig.
> (12,2f)

Die »Verständigen« sind diejenigen, die in der Verfolgungszeit an den Geboten Gottes unbeirrt festgehalten haben und die deshalb Leiden bis zum Tod auf sich nehmen mußten. Es sind leidende Gerechte: »Und die Verständigen des Volkes werden vielen zur Einsicht verhelfen, und sie werden zugrunde gehen durch Schwert und Feuer, durch Gefangennahme und Ausplünderung - eine Zeit lang« (11,33; vgl. Vers 35). Schließlich wird noch am Schluß des Buches dem Verfasser als einem Repräsentanten der »Verständigen« verheißen: »Und du wirst aufstehen zu deinem Los am Ende der Tage« (12,13).

In diesen beiden biblischen Texten ist die Auferstehungshoffnung nur ganz kurz angesprochen. Aber es ist aus dem jeweiligen Zusammenhang und den Umständen doch deutlich genug, um was es bei ihr geht und um was nicht, was zum Entstehen dieser Hoffnung treibt und was nicht. Es treibt zu ihr nicht der Wunsch von Menschen, ihr Leben ins Unendliche zu verlängern; das liegt der israelitischen Tradition völlig fern. Die Hoffnung auf Auferstehung entspringt nicht dem Wunsch Etablierter, daß es immer so weitergehen möge, sondern dem Verlangen Bedrängter, daß es doch endlich anders werde. Auch wird nicht in der Weise von Menschen her gedacht, daß etwas Unsterbliches in ihnen entdeckt würde; von einer unsterblichen Seele etwa weiß die Hebräische Bibel nichts. Es geht bei der Auferstehungshoffnung nicht um die Vergöttlichung von Menschen, sondern darum, daß sich Gott als Gott erweise. In den Erfahrungen, die die Verfasser dieser Texte machen, steht Gottes Bundeszusage, steht seine Verheißungstreue auf dem Spiel: Wird Gottes Zusage, daß er seinem Volk die Treue halten wird, nicht von den mächtigen Gewalthabern widerlegt, die mit den treuen Dienern Gottes machen können, was sie wollen - bis hin zu ihrer Tötung? Nein, lautet die Antwort, Gott hält treu an seiner Zusage fest, auch über den Tod hinaus. Er hat Macht auch über den Tod; er wird sie auferwekken und lebendig machen.

In dieser Tradition steht auch das zweite Makkabäerbuch, besonders in seinem berühmten siebten Kapitel, dem Bericht vom Martyrium der sieben Brüder und ihrer Mutter. Dieser Bericht schildert, wie sieben Brüder und ihre Mutter vor den König Antiochos IV. geführt werden und Schweinefleisch essen sollen, was nach 3. Mose 11,7f und 5. Mose 14,8 verboten ist. Im Stil der pathetisch-rhetorischen Geschichtsschreibung wird erzählt, wie sie sich alle weigern und wie sie einer nach dem anderen, zuletzt die Mutter, bestialisch umgebracht werden, nachdem sie zuvor jeweils eine letzte Rede gehalten haben. Die Alternative, vor die sich die Brüder und ihre Mutter gestellt sehen, formuliert und entscheidet der jüngste Bruder so: »Nicht gehorche ich der Anordnung des Königs; ich höre auf die Weisung, die unseren Vätern durch Mose gegeben worden ist« (30).

Ein in diesen Reden häufig wiederkehrender Punkt ist die Gerichtsdrohung gegen den König: »Für dich wird es keine Auferstehung zum Leben geben« (14). Auf die Auferstehungsaussage kann im Blick auf den König verzichtet werden, weil das Gericht ihn noch in der Geschichte ereilen wird: »Warte du nur ab, und nimm Gottes großartige Macht daran wahr, wie er dich und deine Nachkommenschaft martern wird!« (17) »Du aber glaube nur nicht, ungestraft davonzukommen, nachdem du gegen Gott zu kämpfen unternommen hast!« (19; vgl. weiter die Verse 31, 34f und 36b) Ganz entsprechend wird in Kapitel 9 das Ende des Antiochos so beschrieben, daß es als Gericht Gottes für seine Untaten erscheint. Gott erwirkt es, daß sein schlimmes Tun auf ihn zurückfällt; er muß das an sich erleiden, was er anderen antun ließ. Die Intention dieser Darstellung ist klar: Es gibt keinen Triumph des Gewalttäters über Gott; Gott ist der Herr. Wie es von dieser Intention her auch zur Aussage von der Auferstehung für die Gewalttäter kommt, liegt auf der Hand, nämlich dann, wenn ihr Leben bis zum Ende nicht so dargestellt werden kann, daß Gottes Gericht sie einholt. So werden nach einem Abschnitt des Henochbuches, einer auf äthiopisch erhaltenen jüdischen Offenbarungsschrift, die Frevler, die das Gericht nicht während ihres Lebens ereilte, zum Strafgericht auferstehen. Für die Frevler dagegen, bei denen die Rechnungen beglichen sind, gibt es weder Gericht noch Auferstehung (22,10–13). An einer anderen Stelle desselben Buches wird das Gericht nach dem Tod an den in Glück und Wohlergehen gestorbenen Gewalttätern so geschildert:

> Wehe euch, ihr toten Sünder! Wenn ihr sterbt in eurem sündigen Reichtum, werden die, die euch gleich sind, sagen: »Glücklich zu preisen sind die Sünder! Alle ihre Tage haben sie gesehen; und nun sind sie in Wohlstand und Reichtum gestorben, und Not und Tod haben sie in ihrem Leben nicht gesehen. In Herrlichkeit sind sie gestorben, und ein Gericht geschah in ihrem Leben nicht an ihnen.« Ihr sollt wissen, daß man ihre Geister zum Totenreich hinabfahren lassen wird, und es wird ihnen übel ergehen: Die Trübsal wird groß sein. In Finsternis, in Umstrickung und in lodernden Flammen wird euer Geist zu dem großen Gericht kommen; und das große Gericht wird stattfinden für alle ewigen Generationen. Wehe euch, denn ihr werdet keinen Frieden haben!
> (103,5–8)

An der Härte dieser Aussagen kann man sich stoßen und sie vielleicht als Rachephantasien Zukurzgekommener abtun. Doch liegt diesem Text nicht an »Vergeltung« als solcher; es geht ihm vielmehr um den Gerechtigkeitserweis Gottes. Der aber läßt sich hier nur noch gegen den faktischen Geschichtsverlauf behaupten.

An Gottes Gerechtigkeit gegen den Augenschein festzuhalten, ist auch die Intention der Auferstehungsaussagen im Blick auf die Märtyrer im siebten Kapitel des zweiten Makkabäerbuches. Der König hat hier Macht, die Menschen umbringen zu lassen, die sich seinem Befehl widersetzen. Diese Macht scheint Gott selbst ins Unrecht zu setzen, unter Berufung auf dessen Gebot die Märtyrer den Befehl des Königs verweigern. Es sieht so aus, als unterliege mit ihnen, deren Tod ja offenkundig ist, auch Gott. Dem wird die Aussage von der Auferstehung entgegengesetzt.

> So spricht der zweite Bruder: Du Unhold nimmst uns zwar jetzt das Leben, aber der König der Welt wird uns, die wir für seine Weisungen

sterben, zum ewigen Leben auferstehen lassen. (9)
Der dritte Bruder: Vom Himmel habe ich den Leib und die Glieder, und um seiner Weisungen willen sehe ich über sie hinweg, und von ihm hoffe ich sie wieder zu erhalten. (11)
Der vierte Bruder: Vorzüglich ist's für uns, die wir von Menschenhand sterben, daß wir in Erwartung des von Gott Verheißenen stehen, wiederum von ihm auferweckt zu werden. (14)
Die Mutter zu ihren Söhnen: Ich weiß nicht, wie ihr in meinem Leib entstanden seid; und nicht ich habe euch den Atem und das Leben geschenkt. Auch habe nicht ich die Grundform eines jeden kunstvoll hergerichtet. Darum wird auch der Schöpfer der Welt, der den Ursprung des Menschen gebildet und den Ursprung aller Dinge erdacht und bewirkt hat, euch den Atem und das Leben in seinem Erbarmen wieder zurückgeben, so wie ihr jetzt über euch hinwegseht um seiner Weisungen willen. (22f)
Und noch einmal die Mutter zu ihrem jüngsten Sohn: Fürchte diesen Henker nicht, sondern nimm, deiner Brüder würdig, den Tod an, damit ich dich in der Zeit des Erbarmens mit deinen Brüdern wieder erhalte! (29)

Die Mutter spricht nicht griechisch, sondern in der aramäischen Landessprache, die der König nicht versteht (22 und 27). Sie macht damit ihre die Söhne ermutigenden Worte für den fremden Gewaltherrscher unangreifbar. Der kann das in ihnen enthaltene Lob Gottes nicht wahrnehmen und wohl auch nicht für möglich halten. Er bezieht die Worte der Mutter argwöhnisch auf sich selbst und meint, sie würde ihn schmähen (24). So hält er sich für den Mittelpunkt, während die Mutter über die Fixierung auf den Mörder ihrer Söhne längst hinaus ist. Angesichts der Macht Gottes ist Antiochos außer einem verächtlichen Seitenblick (»dieser Henker«) buchstäblich nicht der Rede wert.

Nach den zitierten Aussagen gilt der Tod der Brüder und ihrer Mutter als Protest. Er ist einmal Protest als Verweigerung und Widerspruch: Sie sterben, weil sie sich der Anordnung des Königs widersetzen; mit ihrem Tod halten sie ihren Widerspruch bis zuletzt durch. Ihr Tod ist aber zum anderen und zugleich auch Protest als Zeugnis: Sie sterben für die Weisungen Gottes. In unverbrüchlicher Treue stehen sie mit ihrem Tod bis zuletzt ein für die Wirklichkeit Gottes, trauen auf ihn gegen die Macht des Königs. Beugten sie sich dessen Macht, blieben sie zwar am Leben, aber ihr Protest wäre erloschen, ihr Widerspruch und ihr zeugenhaftes Einstehen für die Wirklichkeit Gottes wären hinfällig. Das ist der Sieg, den der König eigentlich will. So versucht er, den jüngsten der Brüder zu bestechen, indem er ihm eidlich verspricht, »er werde ihn zugleich reich und glücklich machen, wenn er von der hergebrachten Sitte abfalle; auch werde er ihn als ›Freund‹ halten und ihm Staatsgeschäfte anvertrauen« (24). Diesen Sieg aber bekommt der König nicht.

Daß die Kategorie des Protestes in diesem doppelten Sinn nicht nur von der Sache her angemessen ist, sondern auch dem Begriff nach, zeigt Vers 6, wo in freier Weise 5. Mose 31,21 aufgenommen wird. Der erste Bruder vergleicht an dieser Stelle das eigene Handeln mit dem des Mose und bezeichnet dessen Lied als »ins Angesicht widersprechend und bezeugend«, als »offen protestierend«. Der Tod der Märtyrer ist Zeugnis im offenen Widerspruch.

Nachdem so zuerst herauszustellen war, daß der Tod der Märtyrer als Protest begriffen ist, muß sodann und vor allem betont werden: Dieser Protest wird vollzogen im Vertrauen auf die Treue Gottes. Gott wird seinerseits einstehen für diejenigen, die für seine Wirklichkeit bis zum Tod eingestanden sind. Er läßt nicht zu, daß sie mit der Hinrichtung ins Unrecht gesetzt werden – und damit auch er selbst. Er wird sie vielmehr trotz ihrer Hinrichtung und über den Tod hinaus ins Recht setzen durch die Auferstehung. Die Auferstehung ist somit die Entsprechung zum Protest der Märtyrer auf seiten Gottes. Sie ist der Protest Gottes: Widerspruch gegen die ihm sich entgegensetzende Macht des Königs, die auch vor grausamen Hinrichtungen nicht zurückschreckt und sich in ihnen erweist, und Zeugnis für die sich schließlich und endlich durchsetzende Gerechtigkeit Gottes; sie ist Erweis seiner Solidarität.

Die bisherigen Ausführungen lassen sich somit in folgender Weise zusammenfassen: Auferstehung der Toten – das ist der im Namen und in der Kraft Gottes erfolgende Aufstand der Getöteten gegen die gewalttätigen Sieger der Geschichte, die über Leichen gegangen sind. Auferstehungshoffnung bestreitet, daß ihnen die Zukunft gehört; es geht ihr darum, daß vielmehr Gott zum Recht kommt und sich durchsetzt.

Im Laufe der Zeit hat die Auferstehungsvorstellung im Judentum an Boden gewonnen. Im ersten Jahrhundert ist die Hoffnung auf eine allgemeine Auferstehung der Toten weit verbreitet. In der zweiten Benediktion des Achtzehngebetes, des jüdischen Gebetes schlechthin, wird Gott angeredet und gepriesen als der, »der die Toten lebendig macht«. Nach dem Traktat Berakhot in der Tosefta lautet eine Benediktion, die auf dem Friedhof zu sprechen ist: »Gepriesen sei, der die Zahl von euch allen kennt. Er wird euch künftig richten, er wird euch künftig auferwecken. Gepriesen sei, der treu ist in seinem Wort, der die Toten lebendig macht« (6,6). Das Bekenntnis zu Gott als dem, »der die Toten lebendig macht«, wurde im Judentum der Zeit Jesu nicht von allen Gruppen geteilt; von den Sadduzäern, der konservativen Priesteraristokratie, wurde es bestritten. Daß das gewiß nicht von ungefähr so ist, daß also dem Unterschied in der Theologie auch ein Klassenunterschied entspricht, wird deutlich, wenn man sich die Entstehung der Auferstehungshoffnung aus dem Protest gegen erlittene Gewalt in Erinnerung ruft. Zu solcher Hoffnung ist kaum geneigt, wer selbst als Nutznießer an der Gewalt partizipiert.

In den Evangelien wird von einer Auseinandersetzung Jesu mit den Sadduzäern über die Auferstehung erzählt (Markus 12,18–27/Matthäus 22,23–33/Lukas 20,27–38). Die hier gegebene Antwort Jesu zeigt, wie im Judentum die Hoffnung auf die Auferstehung der Toten begründet werden konnte. Dafür soll nun die Fassung des Markus-Evangeliums als ältester Text besprochen werden. In der Einleitung werden die Sadduzäer ausdrücklich als solche charakterisiert, »die behaupten, eine Auferstehung gäbe es nicht« (18). Ausgangspunkt ihrer hier vorgetragenen Argumentation ist eine Vorschrift aus 5. Mose 25,5–10 über die sogenannte Leviratsehe (vgl. 1. Mose 38; Ruth 3f): Stirbt ein Ehemann kinderlos, soll sein Bruder die Witwe heiraten. Der erste Sohn aus dieser Verbindung gilt dann als Sohn des Verstorbenen. In seinen 93/94 n. Chr. erschienenen »Jüdischen Altertümern« beschreibt der jüdische

Historiker Josephus den Sinn dieser Einrichtung in folgender Weise: »Denn das geschieht zum Vorteil des Gemeinwesens, da so die Familien nicht aussterben und das Vermögen in der Verwandtschaft bleibt; und den Frauen gewährt es Erleichterung ihres Schicksals, wenn sie die nächsten Verwandten ihrer früheren Männer heiraten« (4,254). Auf diesem Hintergrund konstruieren die Gesprächspartner Jesu einen Fall, daß sieben Brüder nacheinander dieselbe Frau hatten, die schließlich als letzte von allen starb (Markus 12,19–22). Aus diesem Fall folgern sie auf die Absurdität der Auferstehungsvorstellung, die sich damit zugleich als im Widerspruch zur Schrift stehend erweist. Ihre Folgerung kleiden sie in die Form einer ironischen Frage: »Bei der Auferstehung, wenn sie denn auferstehen, wessen Frau wird sie dann sein? Die sieben hatten sie ja zur Frau!« (23) Die Antwort Jesu darauf ist komplex:

> (24) Irrt ihr euch nicht deshalb, weil ihr weder die Schriften noch die Macht Gottes kennt? (25) Wenn sie nämlich von den Toten auferstehen, heiraten sie nicht und werden nicht geheiratet, sondern sind wie Engel im Himmel. (26) Betreffs der Toten aber, daß sie auferweckt werden, habt ihr nicht im Buch des Mose gelesen, beim Dornbusch, wie Gott zu ihm sagte: Ich bin der Gott Abrahams und der Gott Isaaks und der Gott Jakobs? (27) Nicht ist er ein Gott der Toten, sondern der Lebenden. Gar sehr irrt ihr euch.

Die Antwort ist umschlossen vom Vorwurf des Irrtums am Anfang und Schluß. Die Argumentation mit der Schrift in Vers 26 ist vorbereitet durch die Erwähnung der Schrift in Vers 24. Der Bezug auf sie ist notwendig, weil die Sadduzäer ein Schriftargument gebracht hatten. Die Antwort in Vers 25 muß gegeben werden im Blick auf den von ihnen konstruierten Fall. Diese Konstruktion zielte aber auf die Infragestellung der Auferstehung überhaupt. Deren grundsätzliche Infragestellung ist mit der Aussage von Vers 25 noch nicht erledigt. Sie erweist nur die Möglichkeit der Auferstehungsvorstellung auch angesichts eines solchen Falles, aber noch nicht die Wirklichkeit der Auferstehung selbst. Die soll dann in den Versen 26 und 27 von der Selbstvorstellung Gottes in der Schrift her dargelegt werden. Die in den Versen 24 bis 27 gegebene Antwort

Jesu ist also im ganzen auf die vorher geschilderte Situation bezogen und erweist sich so als eine wohlüberlegte Einheit.

In der Begründung des gegenüber den Sadduzäern erhobenen Vorwurfs, sie irrten sich, beruft sich Jesus zunächst pauschal auf die Schriften und die Macht Gottes (24). In beiden Punkten stimmt er mit dem pharisäisch- rabbinischen Judentum überein. Wie dort eine Berufung auf die Macht Gottes in dieser Hinsicht aussehen konnte, sei an einer weiteren Stelle aus dem Traktat Sanhedrin im babylonischen Talmud gezeigt: »Wenn ein Glasgefäß, das durch den Hauch von Fleisch und Blut gemacht wurde, falls es zerbricht, wiederhergestellt werden kann, um wieviel mehr Fleisch und Blut, das durch den Hauch des Heiligen, gepriesen sei er, erschaffen wurde« (91a). Diese Übereinstimmung gilt auch dafür, daß das Auferstehungsleben nicht als einfache Fortsetzung des irdischen Lebens zu denken ist (25). Im Traktat Berakhot im babylonischen Talmud heißt es: »In der kommenden Welt gibt es weder Essen noch Trinken, noch Fortpflanzung und Vermehrung, noch Kauf und Verkauf, nicht Neid, nicht Haß, nicht Streit. Vielmehr sitzen die Gerechten mit ihren Kronen auf ihren Häuptern und weiden sich am Glanz der Gegenwart Gottes; denn es heißt: ›Sie schauten Gott und aßen und tranken‹« (17a; vgl. Römer 14,17). Obwohl der am Schluß herangezogene Bibeltext 2. Mose 24,11 von essen und trinken spricht, wird es doch in seiner Auslegung verneint. Es gibt aber jüdisch-rabbinische Texte, die den ehelichen Lebensvollzug auch für die kommende Welt voraussetzen. Doch auch an allen diesen Stellen handelt es sich nicht um eine einfache Fortsetzung des irdischen Lebens; immer ist die Andersartigkeit betont. Wie in der Aussage Jesu geht es auch in diesen Texten um die Macht Gottes und nicht um menschliche Projektionen.

Die entscheidende Antwort aber gibt Jesus in den Versen 26 und 27. Darauf weist schon die erneute Einführung: »Betreffs der Toten aber, daß sie auferweckt werden.« In der Formulierung im Passiv ist Gott als logisches Subjekt gedacht. Er ist es, der die Toten auferweckt. So geht es auch bei dem dann vorgenommenen Bezug auf die Schrift zugleich um die Macht Gottes. Jesus bezieht sich auf 2. Mose 3,6, wo sich Gott Mose gegenüber als Gott der Väter vorstellt. Wie in den beiden Texten der Hebräischen Bibel, in denen die Auferstehungshoffnung in wenigen Sätzen begegnet, und im siebten Kapitel des zweiten Makkabäerbuches wird auch hier nicht von den Menschen her gedacht, von Wünschen, die sie haben könnten, sondern von Gott her. Wenn Gott als Gott Abrahams, Isaaks und Jakobs vorgestellt wird, dann ist damit der mit den Vätern geschlossene und ihre Nachkommenschaft einbeziehende Bund im Blick. Gott hat sich in seiner Bundeszusage als Gott Abrahams, Isaaks und Jakobs sowie ihrer Nachkommenschaft bestimmt. Um seiner eigenen Leben schaffenden Gottheit willen läßt er diejenigen nicht in der Wesenlosigkeit des Todes, an die er sich gebunden, an denen er sich – in der gemeinsamen Bundesgeschichte mit ihnen – als Gott erwiesen, nur mit denen zusammen er sich als Gott definiert hat. Jesus kann und will es nicht mit der Gottheit Gottes zusammendenken, daß die menschlichen Bundespartner Gottes ihm durch den Tod auf immer entzogen werden; und so ist ihm Gott nicht nur Gott der *jeweils* Lebenden, sondern der *Lebenden* – derer, denen Gott in seiner Zuwendung Leben gibt und denen er seine Treue bewahrt und bewährt in ihrer Auferweckung.

In der Volksreligiosität des Judentums der Zeit Jesu gelten die Stammväter und Stammütter, die Prophetinnen und Propheten nicht als Tote. Sie erweisen ihre Lebendigkeit als Fürsprecherinnen und Fürsprecher bei Gott, in Wundern, die von ihren Gräbern ausgehen. Die Antwort Jesu dürfte ihr sachliches Gewicht im Bezug auf den Bund haben. Daß auch im rabbinischen Judentum der von Gott mit dem Volk Israel geschlossene Bund die sachliche Voraussetzung der Auferstehungsvorstellung bildet, zeigt sich an einer Stelle des Traktats Sanhedrin in der Mischna, wo es – bevor Ausnahmen aufgezählt werden – ganz grundsätzlich heißt: »Ganz Israel hat Anteil an der kommenden Welt« (11,1).Das wird mit Jesaja 60,21 begründet, wo das Volk von Gott »der Sproß meiner Pflanzung, das Werk meiner Hände« genannt wird.

Es hat sich gezeigt, daß die Auferstehungsvorstellung im Judentum bei ihrem Aufkommen kein eigenständiges theologisches Thema ist, das isoliert für sich Interesse beanspruchen könnte. Sie nimmt vielmehr eine Funktion wahr im Zusammenhang der Frage nach der Gerechtigkeit Gottes. Und zwar geht es dabei um die von Gott zu erweisende Treue und Solidarität zunächst gegenüber denen in seinem Bund, die in ihrem Lebensrecht verletzt worden sind, ja gerade aufgrund ihres Festhaltens am Bund sterben mußten. Die Vorstellung von der allgemeinen Auferstehung der Toten kann dann verstanden werden als Ausweitung dieser Treue und Solidarität Gottes auf alle seine menschlichen Bundespartner über deren Tod hinaus.

III. Die Frage nach der Wirklichkeit der Aussage von der Auferweckung Jesu im Neuen Testament

Es ist erstanden Jesu Christ,
der an dem Kreuz gestorben ist,
dem sei Lob, Ehr zu aller Frist.

Was dieses alte Osterlied aussagt, steht sachlich und zeitlich am Anfang des Urchristentums. Allerdings wird im Neuen Testament in der großen Mehrzahl der Stellen, an denen diese Osterbotschaft direkt begegnet, etwas anders formuliert. Dort heißt es, daß Jesus von den Toten auferweckt worden ist, daß Gott ihn von den Toten auferweckt hat. In der Form und in der Sache handelt es sich bei dieser Aussage um einen Glaubenssatz. Es geht also bei ihr nicht um das bloße Feststellen eines historischen Faktums, sondern um die Wirklichkeit Gottes – und so von vornherein um eine »wahre Geschichte«, ein »wirkliches Gleichnis«.

Im 15. Kapitel des 1. Korintherbriefes erinnert Paulus die korinthische Gemeinde an eine ihr von ihm mitgeteilte Tradition, die er seinerseits schon empfangen hat (1–5). Er setzt sie an dieser Stelle nicht nur sachlich, sondern sogar dem Wortlaut nach mit dem von ihm verkündigten Evangelium gleich. Auf sie bezieht er sich, wenn er sich in Vers 11 mit anderen, die vor ihm Apostel waren, zusammenschließt und schreibt: »Sei es nun ich, seien es jene, so verkündigen wir, und so seid ihr zum Glauben gekommen.« Was er hier zitiert, gilt ihm also als gemeinsame apostolische Tradition. Sie gibt den Inhalt seiner Verkündigung an und sagt somit auch aus, was seine Gemeinde glaubt, nämlich:

(3) daß Christus gestorben ist für unsere Sünden gemäß den Schriften
(4) und daß er begraben worden ist
und daß er auferweckt ist am dritten Tag gemäß den Schriften
(5) und daß er dem Kephas erschien, danach den Zwölfen.

Von dem mit »Christus« bezeichneten Subjekt werden hier in einer Ereignisfolge vier Aussagen gemacht: gestorben, begraben, auferweckt, erschienen. Die erste und dritte Zeile sind hervorgehoben, wie ihre Länge und der gleichlautende Schluß zeigen. Dadurch wird diese viergliedrige Tradition in zwei Hauptabschnitte geteilt, die sich auf den als stellvertretende Sühne verstandenen Tod Jesu und auf seine Auferweckung beziehen. Beide Aussagen begegnen in den Briefen des Paulus an einer Reihe von Stellen je für sich. Dabei handelt es sich nicht um aus der Tradition von 1. Korinther 15 herausgenommene Teile, sondern um ursprünglich selbständige Aussagen. Erst ihre Verbindung führte zu dieser Tradition. Beim Vergleich der Stellen, an denen Paulus die Auferweckungsaussage anführt, läßt es sich wahrscheinlich machen, daß der Auferweckte in ihr ursprünglich nur mit dem Namen »Jesus« genannt wurde. Die Tradition von der Auferweckung Jesu hat es schon vor Paulus in zwei Formen gegeben. Einmal wurde sie als Aussagesatz formuliert: »Gott hat Jesus von den Toten auferweckt« (vgl. Römer 10,9; 1. Korinther 6,14; 15,15; 1. Thessalonicher 1,10). Zum anderen wird Gott in einer partizipialen Wendung, deren wörtliche Übersetzung kein gutes Deutsch ergibt, als »der Jesus von den Toten auferweckt Habende« bezeichnet (vgl. Römer 4,24; 8,11; 2. Korinther 4,14; Galater 1,1). An mehreren Stellen ist im Zusammenhang dieser Aussagen von »glauben« die Rede (Römer 4,24; 10,9; 1. Korinther 15,14f; 2. Korinther 4,13f; vgl. Kolosser 2,12). Daher erscheint es berechtigt, in der Aussage von der Auferweckung Jesu durch Gott den ältesten christlichen Glaubenssatz, das erste christliche Bekenntnis zu erblicken.

Dieser Glaube wurde von jüdischen Menschen formuliert. Für sie war Gott selbstverständlich nach wie vor der, der Himmel und Erde gemacht, der Israel aus Ägypten herausgeführt hat. Aber das für sie entscheidend Neue war, daß sich dieser selbe Gott ihnen nun als der erwiesen hatte, »der Jesus von den Toten auferweckt hat«. Diese Aussage ist zuerst ein *theologischer* Satz. Sie bekennt den Gott Israels in einer bestimmten Tat.

Wie kam es zu dieser Aussage? Auch wenn im Judentum des ersten Jahrhunderts die Hoffnung auf die Auferstehung der Toten am Ende der Zeit weit verbreitet war, ist sie doch alles andere als selbstverständlich. Es ist im Gegenteil höchst erstaunlich, wenn jetzt von einem bestimmten Menschen, den die römische Besatzungsmacht am Kreuz hingerichtet hatte, nicht ausgesagt wird, daß ihn ein Wundertäter wieder zum Leben erweckt hätte, so daß er noch einmal sterben müßte, und auch nicht, daß Gott ihn auferwecken *wird*, sondern daß er ihn schon in solcher Weise auferweckt *hat*, daß ihm der Tod nicht noch einmal bevorsteht. Im Neuen Testament wird an keiner Stelle beansprucht, daß es für den Vorgang der Auferweckung Jesu Augenzeugen gab. So wird er dort auch nirgends geschildert. Das tut erst das in der Mitte des zweiten Jahrhunderts entstandene und von der Kirche nicht akzeptierte Petrus-Evangelium - und wirkt damit nicht sonderlich überzeugend. Wohl kennt das Neue Testament Augenzeugen; doch ist genau darauf zu achten, wofür sie aufgeboten werden. Die Paulusbriefe sind die ältesten Schriften des Neuen Testaments; sie lassen erkennen, wie diese Augenzeugenschaft zu verstehen ist. Paulus hält sich selbst für einen Augenzeugen, wenn er sich auch als den letzten von allen bezeichnet, der es ausnahmsweise auch noch geworden ist (1. Korinther 15,8). Aber er ist der einzige, von dem aus eigener Feder Aussagen über dieses Erleben überliefert sind. Bekannter ist freilich die Geschichte vom »Damaskuserlebnis«, wie sie in der Apostelgeschichte in drei Fassungen überliefert wird (9,1–18; 22,3–16; 26,9–18). Dabei handelt es sich jedoch um spätere erzählerische Ausgestaltung. Es könnte hilfreich sein, sich zunächst an das zu halten, was Paulus in seinen Briefen selbst sagt. Er war kein Anhänger des irdischen Jesus. Er gehörte auch nicht von Anfang an zur urchristlichen Gemeinde. Nach eigenem Zeugnis hat er sie im Gegenteil verfolgt (Galater 1,13.23; Philipper 3,6; 1. Korinther 15,9). Dennoch sagt er, »gesehen« zu haben, beansprucht er, Augenzeuge zu sein. Wofür?

An drei Stellen seiner Briefe spricht Paulus selbst über sein »Damaskuserlebnis«. Er tut es jedesmal in anderen Formulierungen, jedesmal mit nur einem einzigen knappen Satz, wobei es sich einmal nur um einen Nebensatz handelt. Eine Schilderung des Geschehens gibt er nirgends. Die Momente, die er selbst als tragend für dieses Geschehen ansieht, werden aber deutlich erkennbar.

In 1. Korinther 9,1 stellt er rhetorische Fragen: »Bin ich nicht frei? Bin ich nicht Apostel? Habe ich nicht Jesus, unseren Herrn, gesehen? Seid nicht ihr mein Werk im Herrn?« Paulus stellt diese selbstverständlich zu bejahenden Fragen offenbar deshalb, um seinen in Korinth angegriffenen Apostolat als rechtmäßig zu erweisen. So fährt er auch in Vers 2 fort: »Wenn ich auch für andere kein Apostel bin, für euch jedenfalls bin ich es. Das Siegel meines Apostolats nämlich seid ihr im Herrn.« Als einen wesentlichen Punkt für die Legitimierung seines Apostolats führt er an, daß er »Jesus, unseren Herrn, gesehen« habe. Den irdischen Jesus hat er nicht gesehen; ein solches Gesehenhaben wäre auch noch keine apostolische Legitimation. Er muß also ein Sehen Jesu nach dessen Tod meinen, ein Sehen, das ihn Jesus als »Herrn« erkennen ließ und ihn deshalb veranlaßte, für diesen Herrn als Sendbote, als Apostel, tätig zu werden und durch dessen Verkündigung Gemeinden hervorzurufen.

Dasselbe Geschehen hat Paulus in Galater 1,15f im Blick. Daß er Botschafter Jesu geworden ist, versteht er dort in Analogie zur prophetischen Berufung, wie sie Jeremia 1,5 geschildert wird. Er schreibt: »Als es aber dem gefiel, der mich von meiner Mutter Leib an ausgesondert und durch seine Gnade berufen hat, mir seinen Sohn zu offenbaren, damit ich ihn unter den Völkern verkündige . . .« Was Paulus widerfahren ist, woran er nach 1. Korinther 9,1 als Sehender beteiligt war, versteht er hier als von Gott bewirkt. Das »Sehen« betraf nicht etwas, das ihm ohne weiteres zugänglich gewesen wäre; es mußte ihm erst offengelegt, aufgedeckt werden – nicht etwas, sondern Jesus als »Sohn Gottes«. Diese Wahrnehmung veränderte sein Leben radikal. In Vers 13 hatte er sich noch als einen geschildert, der die Gemeinde verfolgte und zu zerstören suchte; jetzt verkündigt er den als »Sohn Gottes« Wahrgenommenen unter den Völkern.

An der dritten hier zu nennenden Stelle formuliert Paulus wiederum anders. Er schreibt in 1. Korinther 15,8: »Zuletzt aber von allen, gleichsam als einer Fehlgeburt, erschien er

(Christus) auch mir.« Warum er sich hier als »Fehlgeburt« bezeichnet, begründet er in Vers 9: »Denn ich bin der geringste der Apostel, der ich es nicht wert bin, Apostel genannt zu werden, weil ich die Gemeinde Gottes verfolgt habe.« Gemeinde zu zerstören, ist das genaue Gegenteil dessen, was ein Apostel zu tun hat. In Vers 10 hebt Paulus dann jedoch hervor, daß er dank der Gnade Gottes »mehr als sie alle« als Apostel gewirkt hat. Auch an dieser Stelle ist also die neue Wahrnehmung Jesu durch Paulus unmittelbar mit der entscheidenden Wende in seinem Leben und – damit zusammenhängend – mit seiner apostolischen Wirksamkeit verknüpft. Hiernach geht die Initiative von Christus aus; er »erschien«. Als Bereich der Wahrnehmung, der dem auf seiten des beteiligten Menschen entspricht, ist damit wiederum auf das »Sehen« hingewiesen.

Folgende Momente sind demnach als wesentlich für das Geschehen festzuhalten, das Paulus an den drei genannten Stellen im Blick hat: Es geht um eine nicht ohne weiteres zugängliche Wahrnehmung, die er als von Gott oder Christus bewirkt versteht, an der er aber selbst als Sehender beteiligt ist, womit er Jesus als »Herrn« und »Sohn Gottes« erkennt, dem er in Änderung seines bisherigen Lebens fortan als Apostel dient.

Paulus bezeichnet sich in 1. Korinther 15,8 ausdrücklich als letzten, dem eine Erscheinung Jesu nach dessen Tod widerfahren ist. Er stellt sich hier an das Ende einer Reihe anderer, die er in den vorangehenden Versen 5 bis 7 genannt hatte: Kephas (das ist die gräzisierte aramäische Fassung des Beinamens, den der Jesusjünger Simon erhält und der »Fels« bedeutet und dessen latinisierte griechische Fassung »Petrus« lautet), die Zwölf, »mehr als 500 Geschwister auf einmal«, Jakobus, alle Apostel. Hiernach sind also »die Zwölf« und »alle Apostel« nicht miteinander identisch. Die zuerst Erwähnten, Kephas und die Zwölf, gehören zu der oben schon zitierten Tradition von 1. Korinther 15,3–5. In welchem Verhältnis stehen die in ihr genannten Personen, denen Christus erschien, zu der unmittelbar vorher gebrachten Aussage, daß er von den Toten auferweckt ist? Ihre Nennung zielt gewiß auf Zeugenschaft; die Tradition dürfte sie geradezu als ursprüngliche Zeugen schlechthin verstehen. Aber ihre Zeugenschaft gilt unmittelbar ja nur für die Aussage von der Erscheinung. Von bestimmten Personen wird ausgesagt, daß ihnen Jesus nach seinem Tod erschienen sei; und sie werden dafür als Zeugen benannt. Diese Zeugen haben den ihnen Erschienenen so gesehen, daß sie schlossen oder auch schließen mußten: Den, der gestorben und begraben worden ist, hat Gott von den Toten auferweckt, und er lebt jetzt als Auferweckter ein Leben, das den Tod ein für allemal hinter sich hat. Der Glaubenssatz, daß Gott Jesus von den Toten auferweckt hat, ist daher als direkte Folgerung aus den Erscheinungserfahrungen zu verstehen. Paulus bestätigt diese von ihm zunächst bekämpfte Folgerung, als ihm dieselbe Erfahrung widerfährt.

»Gott hat Jesus von den Toten auferweckt.« Dieser Satz spricht von einem Handeln Gottes. Es ist eine Tat im Blick, die allein seine Sache ist, eine Sache, die allein seine Tat ist. Dieses Handeln ist menschlichen Möglichkeiten und damit auch der Historie der Historiker radikal entzogen; es kommt ausschließlich Gott zu. Davon wird mit menschlichen Worten der Alltagssprache geredet, die das Aufwecken und Aufrichten meinen. Wie sollte solches Reden anders als gleichnishaft und verweisend geschehen können? Es bezeichnet ja nicht irgendein beliebiges Faktum der Wirklichkeit, das menschlicher Kontrolle unterworfen wäre. Aber dieses Handeln Gottes, von dem gleichnishaft und verweisend geredet wird, betrifft den bestimmten Menschen Jesus, der ins Grab gelegt worden ist, ist also als ein Handeln an bestimmtem Ort und zu bestimmter Zeit gedacht. Wie sollte es als Tat und Sache Gottes nicht real, nicht eine »Tatsache«, nicht in höchstem Grade wirklich sein? Wie sollte daher dieser Glaubenssatz, daß Gott Jesus von den Toten auferweckt hat, etwas anderes sein als »ein wirkliches Gleichnis«?

Daß Gott Jesus von den Toten auferweckt hat, wird nach Römer 10,9 mit dem Herzen geglaubt. Nicht ein bloßes Faktum ist also zu konstatieren. Es handelt sich um einen Glaubenssatz, der das Herz betrifft. Biblisch meint »Herz« nicht das Gefühl, sondern bezeichnet das Personzentrum des Menschen in seinem Denken, Planen und Wollen. Mit dem Herzen zu glauben, heißt also, sich in seiner Existenz darauf einzulassen, was als Inhalt des Glaubens ausgesagt wird, dessen Wahrheit und Wirklichkeit im eigenen Leben zu erproben und zu erfahren. Der Glaubenssatz von der Auferweckung Jesu durch Gott enthält daher weitere Aussagen, die daraufhin entfaltet werden sollen.

IV. Entfaltungen der Aussage von der Auferweckung Jesu

1. Die Auferweckung als Gottes Bekenntnis zum irdischen Jesus

Bei der Skizzierung der jüdischen Voraussetzungen der neutestamentlichen Rede von der Auferweckung Jesu war oben ausführlicher auf den Märtyrerbericht in 2. Makkabäer 7 eingegangen worden. Auf ihn einen vergleichenden Blick zu werfen, liegt deshalb besonders nahe, weil der jeweilige Ausgangspunkt derselbe ist: die Erfahrung des gewaltsamen Todes aufgrund des als politisch untragbar empfundenen Zeugnisses für Gott. Sowohl Jesus als auch die makkabäischen Märtyrer sind brutal hingerichtet worden. In diesen Hinrichtungen triumphierten die jeweiligen politischen Machthaber. Zugleich schienen sie damit über Gott zu triumphieren, wie er von den makkabäischen Märtyrern und wie er von Jesus beansprucht worden war. Wenn im Zusammenspiel von einheimischer Aristokratie und fremder Besatzungsmacht Hinrichtungen erfolgen, wenn Menschen, die allein Gott dienen wollten, die sich deshalb nicht anpaßten, sondern anders waren und anders lebten, so brutal aus dem Wege geräumt werden und zur Tagesordnung übergegangen wird, dann scheint auch Gott, wie sie ihn im Munde führten, widerlegt zu sein. Zumindest erscheint es nicht sonderlich einladend und nicht tunlich, sich auf diesen Gott einzulassen. Demgegenüber bestreiten die Aussage von der Auferstehung der Märtyrer und die Aussage von der Auferweckung Jesu die Macht des Faktischen und setzen das ins Recht, was jene gesagt und getan haben. Sie geben Gott die Ehre, von dem jene geredet haben und für den sie eingestanden sind.

In dem Glaubenssatz, »daß Gott Jesus von den Toten auferweckt hat«, steht nur der schlichte Name, der Name dessen, den Pilatus hatte hinrichten lassen. Der Träger dieses Namens gilt somit als von Gott her ins Recht gesetzt. Gott bekennt sich zu ihm und setzt das ins Recht, was er gesagt und getan hat. Nicht die Mächtigen, die ihn ans Kreuz brachten und in deren machtpolitischem Kalkül er nur ein Spielball war, behalten das letzte Wort, sondern die von Jesus gemachte und gelebte Ansage des den Bedrängten solidarischen Gottes bleibt in Geltung auch gegen seinen Tod. So läßt sich die Aussage von der Auferweckung Jesu begreifen als Protest Gottes gegen das von den Mächtigen gesetzte Faktum seines Todes, als Gegenmacht Gottes gegen die tödliche Gewalt. Sie widerspricht dem Triumph der legalen Mörder, die über Leichen zur Tagesordnung übergehen.

Dieser Protest wirkt sich so aus – und das ist der erste in der Auferweckungsaussage einbeschlossene und zu entfaltende Punkt –, daß von Jesus, vom irdischen Jesus, als einem Lebendigen erzählt wird. Das ist für uns greifbar in den Evangelien. Sie sind zwar erst in dem Zeitraum zwischen 70 und 100 n.Chr. abgefaßt worden, aber die in ihnen aufgenommenen Traditionen sind in lebendiger Überlieferung auf sie gekommen. Weder die Evangelien noch ihre Traditionen sind Berichte über Historie. Weil Gott Jesus von den Toten auferweckt hat und weil deshalb das in Geltung bleibt, was er gesagt und getan hat, wird davon so erzählt, daß er sich beim Erzählen in der Gegenwart der Gemeinde als lebendig erweist, daß er selbst darin als lebendig Gegenwärtiger wirkt und redet.

Das ist die österliche Perspektive der Evangelien. Vom Glauben her, daß Gott Jesus von den Toten auferweckt hat, entwerfen und gestalten sie ihre Darstellungen. Damit machen sie klar: Es gibt kein angemessenes Verstehen des irdischen Jesus vorbei am Zeugnis von seiner Auferweckung und vorbei an seinem Tod am Kreuz.

Diese österliche Perspektive schließt aber den irdischen Jesus nicht aus, sondern ein. Das zeigt sich in den Evangelien insgesamt, die eben doch – wenn auch in unterschiedlicher Weise – die Geschichte des irdischen Jesus erzählen. Wie das Zeugnis von der Auferweckung Jesu die Erzählung der Geschichte des irdischen Jesus integriert, sei am Schluß des Markus-Evangeliums (16,1–8) gezeigt.

Dieser letzte Abschnitt des Markus-Evangeliums erzählt von namentlich genannten Frauen, die das Grab Jesu aufsuchen. Die Jünger sind geflohen (Markus 14,50), die Jüngerinnen geblieben. Sie beobachten, wenn auch aus der Ferne, das Kreuzigungsgeschehen (15,40f) und registrieren, wohin der Leichnam Jesu gelegt wird (15,47). Nach Ausgang des Sabbat kaufen sie wohlriechende Öle, um Jesus zu salben (16,1), und früh am ersten Wochentag machen sie sich auf zum Grab (2). Unterwegs fragen sie sich, wer wohl den Stein vom Eingang des Grabes wegrolle (3). Am Grab angekommen, entdecken sie den Stein weggerollt (4). Sie gehen ins Grab und erblicken dort einen Jüngling sitzen, der durch seine weißen Kleider als himmlische Gestalt ausgewiesen ist; sie erschrecken (5). Der Jüngling sagt ihnen, daß Jesus auferweckt worden ist, und gibt ihnen den Auftrag, den Jüngern und Petrus auszurichten, Jesus ginge ihnen voran nach Galiläa; dort würden sie ihn sehen (7f). Die Frauen verlassen in Furcht fluchtartig das Grab und sagen niemandem etwas (8).

Man mag fragen, was sich aus dieser Erzählung historisch gewinnen läßt, und kann darauf hinweisen, daß Namen von Frauen mit der Tradition vom Tod und von der Grablegung Jesu fest verbunden sind (Markus 15,40f.47). In letzterer ist wohl auch die Gestalt des Joseph von Arimathäa historisch verankert (15,42–46). Das schließt ein, daß man den Leichnam Jesu nicht an einem unbekannten Ort verscharrt hat, daß die Lage seines Grabes also grundsätzlich erfahrbar und somit das Grab auffindbar gewesen sein muß. Als Anhänger Jesu bald nach seinem Tod verkündeten, Gott habe ihn von den Toten auferweckt, müssen zumindest ihre Gegner in Jerusalem ein Interesse an der Leiche Jesu gehabt haben. Sie konnten sie aber offenbar nicht vorweisen. Das läßt natürlich verschiedene Erklärungsmöglichkeiten zu und ist kein »Beweis« für die Richtigkeit der Aussage der Jünger Jesu. Es mag also so gewesen sein, daß das Grab Jesu von Frauen, die seine Jüngerinnen waren, als leer entdeckt worden ist.

Aber mit solchen Annahmen ist die Geschichte, wie der Evangelist sie erzählt, noch nicht erfaßt. Es gilt danach zu fragen, wie er sie als Abschluß seines Evangeliums verstanden wissen will. Die Mitte dieser Geschichte liegt gerade da, wo sich »historisch« nichts sagen läßt: in der Begegnung der Frauen mit dem Engel und vor allem in dessen Botschaft an die Frauen (5–7). Als die Frauen den Jüngling in weißem Gewand erblicken, erschrecken sie. Das ist die einzig mögliche menschliche Reaktion angesichts dessen, daß himmlische Welt in Erscheinung tritt. Wo Gott oder seine Boten auf den Plan treten und Menschen begegnen, erschrecken diese. So wird es in vielen biblischen Geschichten erzählt. Von diesem Motiv her ist auch Vers 8 zu verstehen; er beschreibt die erschrockene Reaktion der Frauen auf die Botschaft des Engels von der Auferweckung Jesu: »Sie stürzten heraus und flohen vom Grab, denn Zittern und Entsetzen hatte sie gepackt; und sie sagten niemandem etwas, denn sie fürchteten sich.« Der Evangelist gibt keinen Bericht über die Entstehung der Gemeinde; er will nicht etwa erklären, wie sich von der Entdeckung des leeren Grabes her die Verkündigung Jesu Christi ausgebreitet hat. Von dieser Verkündigung sind seine Leserinnen und Leser, seine Hörerinnen und Hörer ja längst erreicht. Für sie hat er das Evangelium geschrieben. Ihnen will er die ungeheure Nähe des in der Auferweckung Jesu auf den Plan tretenden Gottes neu ins Bewußtsein rufen. Um die Bedeutung dieser Botschaft zu unterstreichen, erzählt er von der erschrockenen Reaktion der Frauen.

Der den Frauen begegnende Engel fordert sie zunächst auf – wie es in solchen Geschichten üblich ist –, nicht zu erschrekken. Er weiß, weshalb sie gekommen sind: »Ihr sucht Jesus, den Nazarener, den Gekreuzigten.« Sie suchen Jesus, der in seiner Lebensgeschichte durch seine Herkunft aus Nazaret und seinen Tod am Kreuz bestimmt wird. Von ihm, den sie für tot halten, sagt ihnen der Engel: »Er ist auferweckt worden.« In dieser passiven Formulierung ist selbstverständlich Gott als Subjekt der Auferweckung gedacht. Erst nach der Verkündung der Osterbotschaft weist der Engel darauf hin, daß Jesus nicht mehr im Grab ist: »Er ist nicht hier. Seht, der Platz, wo man ihn hingelegt hat!« (6) In dieser Geschichte wird also nicht von der Entdeckung des leeren Grabes auf Jesu Auferweckung gefolgert. Voran steht vielmehr die Verkündigung von seiner Auferweckung, und es folgt dann der Hinweis auf das leere Grab. Dieses hat hier also die Funktion eines beglaubigenden Zeichens.

An die Osterbotschaft schließt sich in der Rede des Engels ein Auftrag an die Frauen an: »So geht denn hin und sagt seinen Jüngern und Petrus, daß er euch vorangeht nach Galiläa! Dort werdet ihr ihn sehen, wie er es euch gesagt hat« (7). Die Verheißung des Sehens wird üblicherweise von Erscheinungen des Auferweckten verstanden. So haben dieses »Sehen« schon das Matthäus- und das Lukas-Evangelium als die ältesten Interpreten des Markus-Evangeliums gedeutet. Folgerichtig haben sie dessen Schluß mit 16,8, den sie voraussetzen, als unbefriedigend empfunden und Erscheinungsgeschichten erzählt. Spätere Handschriften des Markus-Evangeliums haben das dann ebenfalls getan. Bezieht man das »Sehen« auf Erscheinungen des Auferweckten, macht der Schluß mit Vers 8 in der Tat einen abrupten Eindruck. Sollte daher nicht ein anderes Verständnis näherliegend sein?

Der Schluß der Rede des Engels bezieht sich ausdrücklich zurück auf das Wort Jesu an seine Jünger in Markus 14,28: »Aber nachdem ich auferweckt worden bin, werde ich euch vorangehen nach Galiläa.« Doch es liegt kein isolierter Rückbezug auf diesen einen Vers allein vor. Daß in dem Auftrag an die Frauen die Jünger erwähnt werden und neben ihnen Petrus noch einmal besonders, ist durch das veranlaßt, was in dem ganzen Abschnitt 14,26–31 erzählt wird. Dort – beim Gang zum Ölberg, vor seiner Festnahme – kündigt Jesus seinen Jüngern an: »Alle werdet ihr Anstoß nehmen« (27a). Als Petrus das für seine Person entschieden von sich weist, sagt ihm Jesus, daß er ihn dreimal verleugnen wird (29–31). Dementsprechend erzählt der Evangelist in 14,50 die Flucht aller und in 14,66–68 die Verleugnung des Petrus. Die Ankündigung, daß alle Anstoß nehmen werden, erfährt in 14,27b eine Begründung mit einem Schriftzitat; Sacharja 13,7 wird hier in freier Weise aufgenommen und in folgender Fassung zitiert: »Ich werde den Hirten schlagen, und die Schafe werden sich zerstreuen.« Das Bild vom Hirten und den Schafen bezieht sich sachlich auf die Nachfolge. Aus ihr werden die Jünger herausfallen. Das ist durch ihre Flucht und die Verleugnung des Petrus geschehen. Dem wird die Verheißung Jesu in 14,28 gegenübergestellt: »Aber nachdem ich auferweckt worden bin, werde ich euch vorangehen nach Galiläa.« Er wird ihnen wieder »vorangehen«, sie also erneut in die Nachfolge hineinholen. Dazu paßt auch die Erwähnung von Galiläa. »Galiläa« ist im Markus-Evangelium nicht nur ein geographischer Begriff. Die beiden Teile dieses Evangeliums sind Galiläa und Jerusalem zugeordnet. Jerusalem als dem Ort der Passion und des Todes Jesu steht Galiläa als der Ort seiner Wirksamkeit gegenüber. Dort sagt er die Nähe des Reiches Gottes an und ruft zur Umkehr auf; dort verkündigt und heilt er und tut andere Wunder. Dort gewinnt er auch seine Jünger, und dort folgen sie ihm nach.

Darauf also bezieht sich der Auftrag an die Frauen in 16,7 zurück. Wenn sie den Jüngern und Petrus sagen sollen, daß ihnen Jesus nach Galiläa vorangeht, schließt das die Aufforderung an sie ein, auch ihrerseits nach Galiläa zu gehen.Da diese indirekte Aufforderung sich auf die Verheißung Jesu in 14,28 zurückbezieht und unmittelbar auf die Verkündigung seiner Auferweckung folgt, ist sie so als Wieder-Einweisung in die Nachfolge Jesu zu verstehen, die darin gründet, daß er eben nicht tot, sondern auferweckt worden ist. Und über die Jünger hinaus hat der Evangelist als Verfasser einer für die Gemeinde geschriebenen Schrift alle seine Adressaten im Blick: Von der Verkündigung der Auferweckung her werden sie in die Nachfolge des irdischen Jesus gewiesen.

Von daher läßt sich nun auch der zunächst so abrupt erscheinende Schluß des Markus-Evangeliums verstehen. Das Evangelium ist ja von vornherein für eine Gemeinde geschrieben worden, in der es gelesen und vorgelesen werden soll – und zwar nicht nur einmal, sondern immer wieder. Ist die Verlesung des Evangeliums in der Gemeinde mit 16,8 zu Ende gekommen, beginnt sie anschließend mit 1,1 von neuem – und dort geht Jesus seinen Jüngern wieder in Galiläa voran; und die Leserinnen und Leser, die Hörerinnen und Hörer des Evangeliums sollen mit ihnen gehen, sich einüben in der Nachfolge.

Ist also Markus 16,6f so zu verstehen, daß die Botschaft von der Auferweckung Jesu in die Nachfolge des Irdischen einweist, wird es noch von einer anderen Seite her begreiflich, daß der Evangelist in Vers 8 die Furcht der Frauen so stark hervorhebt. Nachfolge Jesu ist nicht gefahrlos, jedenfalls im ersten Jahrhundert nicht (vgl. nur Markus 13,9). Es besteht durchaus Grund, sich zu fürchten und lieber zu schweigen.

Bei der wiederholten Lektüre des Evangeliums geht es nicht um die ewige Wiederkehr des Gleichen, sondern um das immer wieder neue Lernen der Lektionen der Nachfolge und also auch um ein Wachsen in ihr. Vom Zeugnis der Auferwekkung Jesu her erfolgt also ein Hineinnehmen in die erneute und erneuerte Nachfolge des Irdischen. Darin wird er zu »sehen« sein, weil er darin erneut gegenwärtig ist. Natürlich ist nicht auszuschließen, daß auch die Dimension der Erscheinungen Jesu vor seinen Jüngern bei der Ankündigung des Sehens in 16,7 mitschwingt, als Wissen der Gemeinde vorausgesetzt ist. Aber indem der Evangelist davon nicht erzählt, die Lesung vielmehr neu von vorn beginnt, liegt die Betonung darauf, daß die Leserinnen und Leser, die Hörerinnen und Hörer selbst in der Nachfolge des Irdischen, in die sie der Auferweckte ruft, zum »Sehen«, zur Erfahrung seiner Gegenwart kommen werden.

THESE: Die Rede von der Auferweckung Jesu als »wahre Geschichte« und »wirkliches Gleichnis« bewährt ihre Wahrheit und gewinnt Wirklichkeit, wo Menschen im Vertrauen auf die Gegenwart des Auferweckten sich in die Nachfolge des Irdischen einweisen lassen.

2. *Die Identität des Auferweckten mit dem Gekreuzigten*

Der Glaubenssatz, »daß Gott Jesus von den Toten auferweckt hat«, bezieht sich nicht nur auf den, der in Galiläa geredet und gehandelt hat, sondern auch auf den, der in Jerusalem am Kreuz hingerichtet worden ist. So bezeichnete ja der Engel im Grab nach Markus 16,6 Jesus als »Nazarener« und als »Gekreuzigten«. Der von Ostern her erfolgende Rückbezug auf den Gekreuzigten tritt vor allem in denjenigen Erscheinungsgeschichten hervor, in denen sich der Auferweckte seinen Jüngern an den Wundmalen des Gekreuzigten zu erkennen gibt. Nach Johannes 20,20 »zeigte er ihnen seine Hände und Seite«. Besonders eindrücklich ist jedoch in dieser Hinsicht die Thomasgeschichte (Johannes 20,24–29). Nachdem der Evangelist in Kapitel 20 schon von zwei Erscheinungen Jesu erzählt hat, einer Erscheinung vor Maria Magdalena und einer Erscheinung vor allen Jüngern, setzt er in Vers 24 noch einmal neu ein mit der Feststellung, daß bei dieser letzten Erscheinung der Jünger Thomas nicht zugegen gewesen wäre. Dieser äußert dann auch Zweifel gegenüber dem Zeugnis der anderen Jünger, »den Herrn gesehen« zu haben. Doch ist es schon aufschlußreich, wie der Evangelist den Zweifel des Thomas formuliert: »Wenn ich nicht an seinen Händen die Wundmale sehe und meinen Finger nicht an die Nagelstelle lege und meine Hand nicht an seine Seite lege, glaube ich bestimmt nicht« (25). Thomas fordert nicht einfach eine Erscheinung Jesu, sondern er will wissen, ob »der Herr«, von dem die anderen reden, wirklich dieselbe Person ist, die er gekannt hat, Jesus von Nazaret – noch genauer: ob er mit dem identisch ist, der hingerichtet wurde. Zur Identität Jesu gehören unaufgebbar die Wundmale des Gekreuzigten. Sie sind das unveränderliche Kennzeichen seiner Person; durch sie bleibt er mit dem bestimmten Schicksal seines Todes am Kreuz gekennzeichnet. Ein auferweckter Jesus ohne Wundmale wäre nicht mehr derselbe Jesus, der am Kreuz hingerichtet worden ist, und dann auch nicht derselbe Jesus, dem seine Jüngerinnen und Jünger nachgefolgt waren. An den Wundmalen als Kennzeichen seiner Person gibt sich schließlich der dem Thomas Erscheinende zu erkennen: »Lege deinen Finger hierhin, und blicke auf meine Hände, und nimm deine Hand, und lege sie an meine Seite; und sei nicht ungläubig, sondern gläubig!« (27)

So halten die Wundmale fest: Das gleich anschließend von Thomas ausgebrachte und kaum überbietbare Bekenntnis: »Mein Herr und mein Gott!« (28) gilt einem Hingerichteten. Daran ist schon früh in der Kirchengeschichte Anstoß genommen worden. Bestimmte Gruppen lösten Leiden und Tod Jesu und auch seine ganze Menschlichkeit in ein »Scheinbar« auf. Er habe nur scheinbar gelitten und sei nur scheinbar am Kreuz gestorben. So wurde Jesus zu einem über die Erde schreitenden Gott. Dieser Jesus hat keine Wundmale. Das Ärgernis, das nach der Thomasgeschichte darin zum Ausdruck kommt, daß das höchste Bekenntnis einem Gekreuzigten gilt, ist aber nicht nur von solchen Leuten schroff abgewiesen worden, die von der Kirche dann als Ketzer beurteilt wurden. Dieses Ärgernis wurde und wird auch in der Kirche selbst verdrängt, wo immer man nicht wahrhaben will, daß das Kreuz Jesu ein elender Galgen war, wo immer dieses Kreuz »Vergoldung« erfährt, wo immer es zum Symbol der Macht erhoben oder zum Schmuckstück bagatellisiert wird. Dieses Ärgernis ist manchmal von erklärten Nichtchristen schärfer erkannt worden als innerhalb der Kirche. Zum Beispiel von Nietzsche. Er schreibt im »Antichristen«: »*Gott am Kreuze* – versteht man immer noch die furchtbare Hintergedanklichkeit dieses Symbols nicht? – Alles, was leidet, alles, was am Kreuz hängt, ist *göttlich*...« Nietzsche hat gewußt: Wenn Gott im gekreuzigten Jesus gegenwärtig ist, dann hat das außerordentliche Konsequenzen; und die lehnt er radikal ab. Wenn Gott im gekreuzigten Jesus gegenwärtig ist –, dann kann man zwar nicht mit Nietzsche formulieren, das alles, was leidet, göttlich sei. Aber dann muß man sagen, daß Gott der Gott für die Leidenden, die Gefolterten und Entrechteten ist. Der auferweckte Jesus hat die Wundmale, die ihm am Kreuz zugefügt wurden, nicht abgestreift; er behält sie. Er ist kein heiler Siegertyp, sondern ein tief verletzter, ein geschundener Mensch, dessen Verletzungen sichtbar bleiben. Durch sie bleibt er den Leiden und Leidenden der Welt verbunden.

Für eine andere Weise, die Identität des Auferweckten mit dem Gekreuzigten zu betonen, sei ein kurzer Blick auf das Markus-Evangelium geworfen. Der Evangelist umspannt seinen ganzen Stoff mit dem Schema einer Königseinsetzung, die in drei Schritten erfolgt. Die entsprechenden Stellen stehen am Anfang, in der Mitte und am Ende des Evangeliums. In ihnen wird Jesus als Gottessohn bezeichnet, womit er als messianischer König kenntlich gemacht wird. Als einzige Stellen im

Markus-Evangelium sind sie dadurch hervorgehoben, daß in ihnen die himmlische Welt in besonderen Zeichen in Erscheinung tritt. Am Anfang steht die Einsetzung Jesu zum Gottessohn bei seiner Taufe. Der Himmel öffnet sich, der Geist steigt in Gestalt einer Taube auf Jesus herab, und eine Stimme vom Himmel spricht ihn an: »Du bist mein geliebter Sohn; an dir habe ich Wohlgefallen.« (1,10f) In der Mitte, in der Geschichte von der »Verklärung« (9,2–8), wird Jesus, wie die leuchtend weißen Gewänder anzeigen, in eine Himmelsgestalt verwandelt; Elija und Mose erscheinen. Ihnen und den anwesenden drei Jüngern wird Jesus durch eine »Stimme aus der Wolke« als Gottessohn vorgestellt: »Das ist mein geliebter Sohn, auf ihn sollt ihr hören!« Am Schluß, als Jesus am Kreuz hängt, eine dreistündige Finsternis eintritt (15,33) und der Tempelvorhang zerreißt (15,38), akklamiert ihm der heidnische Centurio als Vertreter der Welt: »Wahrhaftig dieser Mensch war Sohn Gottes!« (15,39)

Der Vorgang der Inthronisation Jesu zum messianischen König – Einsetzung, Präsentation, Akklamation – erstreckt sich somit über sein ganzes Wirken und Leiden und ist erst am Schluß bei seinem Tod am Kreuz abgeschlossen. Der aufsteigenden Linie des Inthronisationsmodells entspricht daher eine absteigende Linie im tatsächlich dargestellten Geschehen: Jesus geht den Weg von Galiläa nach Jerusalem; er geht den Weg in die tiefste Ohnmacht am Kreuz. Das ist in der Darstellung des Evangeliums früh vorbereitet. Dessen zweiter Teil ist ganz auf die Passion ausgerichtet. Das zeigt schon sein erster Abschnitt (8,27–10,52), der durch die dreimal wiederholte Leidens- und Auferstehungsweissagung geprägt ist (8,31; 9,31; 10,33f). Der erste Teil, der von Jesu Wirken in Galiläa erzählt, erhält bereits in 3,6 eine Ausrichtung auf den zweiten, wenn dort von Gegnern Jesu gesagt wird, daß sie seinen Tod beschließen. Jesu Wunder und Lehre, die hauptsächlich im ersten Teil dargestellt sind, werden damit der Passion zugeordnet, auf der das Schwergewicht liegt. Das aber bedeutet nicht, daß der Evangelist Kritik an einer Wunderfrömmigkeit übe. Da er die Wundertradition in großer Breite bietet, muß er eine positive Absicht damit verfolgen. Die Wunder dienen ihm dazu, den Gang Jesu in die Passion als einen Weg zu beschreiben, auf dem Gott selbst begegnet. Das Wunder ist der Einbruch Gottes in eine geschlossen erscheinende Welt, der Aufschein einer das Leiden und die Tödlichkeit der Welt überwindenden Wirklichkeit. Das Evangelium macht deutlich, daß dieser Einbruch Gottes schon mit dem Beginn des Weges Jesu erfolgt; und so begleiten Wunder dessen Weg bis nach Jericho (10,46–52). Aber auch und gerade zuletzt wird von wunderbaren Ereignissen berichtet. Die dreistündige Finsternis (15,33) und das Zerreißen des Tempelvorhangs (15,38) beim Tod Jesu wurden schon genannt. Am Ostermorgen ist der äußerst große Stein vor dem Grab Jesu weggewälzt (16,4); und ein Engel im Grab verkündet das größte Wunder: »Er ist auferweckt worden« (16,6). Diese letzten Wunder geschehen nicht mehr durch Jesus. Sie geschehen, während er ohnmächtig am Kreuz hängt und tot im Grab liegt. Die Macht Gottes wird hier bezeugt im Blick auf die Ohnmacht des gekreuzigten Jesus. Indem der Evangelist gerade den Tiefpunkt des Weges Jesu, seinen Tod am Kreuz, als Schlußakt seiner Inthronisation zum Gottessohn beschreibt – und das kann er nur aufgrund des Zeugnisses von der Auferweckung Jesu –, macht er deutlich, daß dieser Weg nicht ins Nichts führt, sondern daß es der Weg Gottes ist, der Zukunft hat und eröffnet.

Der Evangelist dürfte nicht zuletzt deshalb den Weg Jesu so darstellen, wie er es tut, um damit eine Lebensperspektive für die Gemeinde zu gewinnen, für die er schreibt. Diese Gemeinde macht Leidenserfahrungen in einer ihr feindlich gesonnenen Umwelt (vgl. 13,9.13). Der Evangelist lehrt sie, ihre Erfahrungen von Ohnmacht und Niederlagen als konform mit dem Schicksal Jesu zu verstehen, und ermutigt sie, in der Nachfolge zu bleiben.

THESE: Die Rede von der Auferweckung Jesu als »wahre Geschichte« und »wirkliches Gleichnis« bewährt ihre Wahrheit und gewinnt Wirklichkeit, wo im Vertrauen darauf, daß der gekreuzigte Jesus lebt, niedergedrückte und leidende Menschen nicht resignieren, sondern sich aufrichten lassen zu aufrechtem Gang, und wo andere Menschen, die nicht in ihrer Lage sind, sich dazu bewegen lassen, die Wirklichkeit der Welt aus ihrer Perspektive wahrzunehmen und ihnen solidarisch zu werden.

3. Die Auferweckung Jesu als Ende der Zeit

Gegenüber der Gewißheit auf die *künftige* Auferstehung der Märtyrer in 2. Makkabäer 7 spricht der Glaubenssatz, »daß Gott Jesus von den Toten auferweckt hat«, von schon *geschehener* Auferweckung. Aber weder hier noch da geht es um die Rückkehr Toter in das irdische Leben, um Wiederbelebung im Sinne der in den Evangelien erzählten Wunder von Totenerweckungen, denen wieder ein Tod in der Zeit folgt. Es geht vielmehr um endzeitliche Totenerweckung – Totenerwekkung, die das Ende der Zeit heraufführt, die weiterlaufende alte Zeit abbricht. Diese Rede von der Totenerweckung reißt einen umfassenden und endzeitlichen Horizont auf. Wenn als Glaube formuliert wird, »daß Gott Jesus von den Toten auferweckt hat«, ist damit zwar gesagt, daß Jesus als ein einzelner auferweckt worden ist. Aber seine Auferweckung gilt nicht als isolierte Ausnahme innerhalb einer davon unberührt weiterlaufenden Zeit; sie ist vielmehr so verstanden, daß sie in einem unmittelbaren Zusammenhang mit der noch ausstehenden Auferstehung der Toten überhaupt steht. Sie schließt diese ein und führt so die Endzeit herauf. Dieser Zusammenhang wird von Paulus in 1. Korinther 15,20 in folgender Weise ausgesprochen: »Jetzt aber ist Christus auferweckt von den Toten als Erstlingsgabe der Entschlafenen.« Mit dem Wort »Erstlingsgabe« ist ein Begriff aus der Opfersprache aufgenommen. Gott ist der eigentliche Besitzer des ganzen Landes; er hat es seinem Volk zum Lehen gegeben (vgl. 3. Mose 25,23). So gehört ihm rechtens auch der Ertrag des Landes, alles, was Acker und Weide hervorbringen. Dieser Anspruch wird abgegolten mit der Darbringung der Erstlingsgaben (vgl. 2. Mose 23,19). Die Erstlingsgabe repräsentiert daher das Ganze, von dem sie genommen ist. In Römer 11,16 bezieht sich Paulus auf 4. Mose 15,17–21. Dort wird den Israeliten geboten, vom Teig einen

Erstlingskuchen als Abgabe Gott zu geben. Als Gott gehörig ist diese Abgabe dem profanen Bereich entzogen, also heilig. Den Zusammenhang, der zwischen der Erstlingsgabe und dem Ganzen, dem sie entnommen ist, besteht, weitet Paulus in Aufnahme dieser Stelle in Römer 11,16 so aus: »Wenn die Erstlingsgabe heilig ist, ist es auch der (ganze) Teig.« Wenn er daher in 1. Korinther 15,20 Jesus als Erstlingsgabe der Toten bezeichnet, ist das nicht nur zeitlich zu verstehen, daß eben Jesus als erster von den Toten auferweckt worden ist. Vielmehr ist hier ein ursächlicher Zusammenhang vorausgesetzt, insofern die Auferweckung Jesu die der Toten einschließt. Dieser Zusammenhang wird von Paulus in den nächsten beiden Versen in einer Gegenüberstellung von Adam und Christus auch ausdrücklich ausgesprochen: »Da nämlich durch einen Menschen der Tod (kam), (wird) auch durch einen Menschen die Auferstehung der Toten (kommen). Wie nämlich in Adam alle sterben, so werden auch in Christus alle lebendig gemacht werden« (1. Korinther 15,21f). In den folgenden Ausführungen spricht Paulus zwar ausdrücklich nur von der Auferstehung der Christen, tut das aber in einem umfassenden Horizont: »Jeder aber in seiner Ordnung: als Erstlingsgabe Christus, danach bei seiner Ankunft die Christus Zugehörigen, dann das Ende« (23f). »Das Ende«, das hier zugleich die Bedeutung von »Ziel« hat, wird dadurch näher bestimmt, daß Christus »jede Herrschaft, jede Macht und Gewalt« zunichte macht, Gott alle Feinde unterwirft, zuletzt den Tod, »damit Gott sei alles in allem« (24–28). Die Auferweckung Jesu wird so zum Unterpfand der Hoffnung auf »das Ende«, an dem alle widergöttliche Macht und Herrschaft zerbrechen wird und Gott sichtbar zu alleiniger Herrschaft gelangt. War in 2. Makkabäer 7 die Aussage von der erhofften Auferstehung der Märtyrer Protest gegen die von König Antiochos IV. ausgehende bestimmte Gewalt, so wird hier durch diesen Zusammenhang die schon erfolgte Auferweckung Jesu zum Fanal gegen die katastrophale Gewaltgeschichte überhaupt, die in der Zeit und am Ort des Paulus durch das Imperium Romanum geprägt war.

Paulus erwartete »das Ende« noch zu seinen Lebzeiten (vgl. 1. Korinther 15,51f). Diese Erwartung führte aber nicht dazu, daß er sich in eine apathische Wartestellung begab. Er nimmt wahr, daß diese Geschichte immer noch weiterläuft; er und seine Geschwister in den Gemeinden müssen auch schmerzhafte Erfahrungen in ihr machen. Für sie bildet die Auferweckung Jesu aber sozusagen eine Einbruchstelle in das gnadenlose Kontinuum der Zeit. In deren unerbittliches Fortlaufen hat sie eine Bresche hineingeschlagen als Aufschein einer neuen Welt in der alten. Dem entspricht es, daß der Sabbat, der im Judentum die fortlaufende Zeit heilsam unterbricht, auf den Sonntag als den Tag der Auferweckung Jesu übertragen wird. Der Sonntag erinnert daher so an die Auferweckung Jesu, daß er auf sie als in die alte Weltzeit geschlagene Bresche hinweist, die die Zukunft Gottes gegen das »Immer so weiter« und »Weiter so« offenhält. Diese Bresche wäre dann der Ort der Glaubenden, die sich an die hier erfolgte Durchbrechung eines scheinbar geschlossenen Geschichtsverlaufs halten und so selbst in von ihnen gelebten Unterbrechungen den Anbruch der neuen Welt darstellen. Zu einer solchen Praxis hält Paulus an, wenn er in Römer 12,17–21 mahnt, niemandem Böses mit Bösem zu vergelten, von sich aus alles für ein friedliches Miteinander zu tun, auf Rache zu verzichten, sich nicht vom Bösen besiegen zu lassen, sondern das Böse mit dem Guten zu besiegen. Eine solche Praxis der Unterbrechung zeigte sich in urchristlichen Gemeinden vor allem aber daran, daß Christen vieles nicht mitmachten, was sonst üblich war; vor allem weigerten sie sich, den Götzen der Zeit zu opfern.

THESE: Die Rede von der Auferweckung Jesu als »wahre Geschichte« und »wirkliches Gleichnis« bewährt ihre Wahrheit und gewinnt Wirklichkeit, wo Menschen im Vertrauen darauf, daß die Auferweckung Jesu das Ende der Gewaltgeschichte einschließt, ihrerseits Unterbrechungen der Gewalt wagen.

4. Die Auferweckung als Jesu Erhöhung

Der Glaubenssatz, »daß Gott Jesus von den Toten auferweckt hat«, bezieht sich auf die Person des am Kreuz hingerichteten

Jesus und sagt aus, daß er lebt. Dieser Glaubenssatz enthält die weitere Aussage, daß mit der Auferweckung Jesu die Endzeit angebrochen ist. Als wer lebt Jesus in der Endzeit? Welche Funktion nimmt er wahr? Seine Auferweckung bedeutet ja zugleich eine Erhöhung. Zu welcher besonderen Stellung wurde er erhöht?

Nach Markus 15,26 (vgl. Matthäus 27,37; Lukas 23,38; Johannes 19,19) lautete die offizielle Aufschrift am Kreuz Jesu, die seine Schuld angab: »Der König der Juden«. Er ist also als Messiasanwärter hingerichtet worden. Das aber wurde vom Glauben an die Auferweckung Jesu her positiv aufgenommen: Als wen die Mächtigen ihn beschuldigten und deshalb am Kreuz umbringen ließen, der ist er durch die Auferweckung von Gott her tatsächlich. Das läßt sich von frühen Texten her wahrscheinlich machen. In Römer 1,3f greift Paulus wohl auf eine ihm schon vorgegebene traditionelle Formel zurück. Danach ist Jesus »zum Sohn Gottes eingesetzt worden«. Als Ursache dieser Einsetzung, die zugleich einen Zeitpunkt dafür nennt, wird angegeben: »aufgrund der Auferstehung der Toten«. Diese Formulierung legt die Annahme nahe, daß nicht isoliert an die Auferweckung Jesu gedacht ist – dann läge eine verkürzte Redeweise vor –, sondern die Auferweckung Jesu wird auch hier so verstanden, daß sie mit der Totenauferstehung überhaupt in Zusammenhang steht; sie ist deren begründender Anfang. Auf jeden Fall aber gilt Jesus aufgrund der Auferstehung als »Sohn Gottes«. Da unmittelbar vorher gesagt wird, daß er »aus dem Samen Davids« kommt, dürfte der Titel »Sohn Gottes« im Zusammenhang der könglichen Messiaserwartungen verstanden sein. Dieser Zusammenhang zeigt sich auch bei einer anderen jüdischen Gruppe, die bis zum Ende des jüdischen Krieges existierte. So heißt es an einer Stelle der in den Höhlen von Qumran gefundenen Schriften in Auslegung von 2. Samuel 7,14, wo in einer Gottesrede vom Nachkommen Davids als »Sohn« gesprochen wird: »Das ist der Sproß Davids«, nämlich der Messias (Florilegium 1,11). Mit »Sohn Gottes« wird Jesus demnach als königlicher Messias, als Gesalbter, als Christus gekennzeichnet.

Dieser Zusammenhang begegnet auch in 1. Thessalonicher

1,9f. Paulus nimmt dort ebenfalls traditionelle Formulierungen auf. Er erinnert die Gemeinde in Thessalonichi an ihre Anfänge und führt aus, »wie ihr euch von den Götzen weg zu Gott hingewandt habt, um dem lebendigen und wahrhaftigen Gott zu dienen und seinen Sohn vom Himmel zu erwarten, den er von den Toten auferweckt hat, Jesus, der uns aus dem kommenden Zornesgericht rettet«. Der Hinwendung zu dem einen wahrhaftigen Gott und dem Dienst gegenüber ihm entspricht hiernach also die Erwartung seines Sohnes vom Himmel her. Wenn unmittelbar nach der Nennung des Titels »Gottessohn« ausgeführt wird, daß Gott Jesus von den Toten auferweckt hat, gilt das offenbar als Begründung dafür, daß Jesus jetzt Gottessohn im Himmel ist. Von dort erwartet ihn seine in der Zeit lebende Gemeinde.

Sie erfährt das Weiterlaufen dieser Zeit als äußerst bedrängend. Daß es immer so weiter geht, empfindet sie als unerträglich. So wie es läuft, kann und darf es nicht mehr weiterlaufen; es muß endlich Schluß sein. Daher erhofft sie sich Rettung nur noch vom Abbruch der Geschichte, den Gottes Gericht bringen wird. In diesem Gericht wird sie der von den Toten auferweckte Jesus bewahren. Er hat also die Aufgabe des kommenden Retters und Richters. Das ist traditionell die Funktion des »Menschensohnes«, wie das Henochbuch (Kapitel 37–71), 4. Esra 13 und die Worte vom kommenden Menschensohn in den Evangelien zeigen. Dem in 1. Thessalonicher 1,9f als Gottessohn bezeichneten Jesus wird damit die Funktion des Menschensohnes zugeschrieben.

Als dem Retter und Richter, dessen Kommen den alten Weltlauf heilvoll abbricht, gilt Jesus der in Umschrift erhaltene aramäische Ruf: *»maranatha«* (1. Korinther 16,22; Didache 10,6). »Unser Herr, komm!« In Offenbarung 22,20 erscheint er übersetzt in der Fassung: »Komm, Herr Jesus!« So wird der auferweckte Jesus also auch als »Herr« angerufen. Das geschieht ebenfalls mit der Akklamation »Herr ist Jesus!« (Römer 10,9; 1. Korinther 12,3; Philipper 2,11) Wer diesen Zuruf ausbringt, erkennt damit die Herrschaft Jesu öffentlich und verbindlich an und unterstellt sich ihr. Paulus bringt in Römer 10,9 das Bekenntnis zum Herrsein Jesu im Zusammenhang mit dem Glauben an seine Auferweckung vor. Er macht damit deutlich, daß dieses Bekenntnis seine sachliche Voraussetzung im Glauben an die Auferweckung Jesu durch Gott hat. Wem das Herz voll davon ist, daß Gott Jesus von den Toten auferweckt hat, geht der Mund über im Bekennen: »Herr ist Jesus!« Dieses Bekenntnis zum Herrsein Jesu steht nicht in Konkurrenz zum Glauben an den einen und wahrhaftigen Gott, sondern ist sein Ausdruck. Nach Philipper 2,11 erfolgt es gerade »zur Ehre Gottes, des Vaters«. Das ist deshalb so, weil Gott seine Ehre im gekreuzigten Jesus gesucht und ihn darum »zur höchsten Höhe erhoben hat« (Philipper 2,9).

So liegt beim Glauben an die Auferweckung Jesu auch der Ansatzpunkt dafür, daß er mit Hoheitstiteln benannt wird, die seine gegenwärtige Stellung kennzeichnen. Er ist der Messias, der Sohn Gottes, der Menschensohn, der Herr. Damit sind die im Neuen Testament am häufigsten begegnenden Hoheitstitel aufgezählt. Sie alle bringen auf je verschiedene Weise zum Ausdruck, daß dem auferweckten Jesus – wie es Matthäus 28,18 heißt – »alle Macht im Himmel und auf Erden gegeben worden ist«. Das ist vor allem auch als Antithese, als Protest zu hören: Ihm gehört die Macht, in dessen Ohnmacht Gott gegenwärtig ist, und nicht denjenigen, die sich als Herren der Welt aufspielen und deren Herrschaft von Strömen von Blut und Tränen begleitet wird. Das tritt besonders eindrücklich in der Offenbarung des Johannes hervor. Dort heißt es vom »Lamm«, vom gekreuzigten Christus: »Herr der Herren ist es und König der Könige« (17,14; vgl. 19,16). Ihm kommt die Herrschaft zu und nicht dem römischen Imperium mit dem Kaiser an seiner Spitze. Und so ist das ganze Buch durchzogen von Lobsprüchen und Akklamationen auf Gott und »das Lamm«. In ihnen werden Begriffe und Vorstellungen der politischen Ideologie des Reiches diesem als ihm nicht zukommend entrissen und für Gott und seinen Messias beansprucht (4,11; 5,12f; 7,10.12; 11,15.17; 12,10; 19,1.6f). So lassen sich die Hoheitstitel, mit denen Jesus benannt wird, auch begreifen als eine neutestamentliche Zuspitzung des ersten Gebotes, als die Herausstellung des »Christus allein« gegenüber allen Formen des Götzendienstes der Machtanbetung.

THESE: Die Rede von der Auferweckung Jesu als »wahre Geschichte« und »wirkliches Gleichnis« bewährt ihre Wahrheit und gewinnt Wirklichkeit, wo Menschen die alleinige Herrschaft Gottes bekennen und damit die Herrschaft von Menschen über Menschen bestreiten.

5. *Die Auferweckung als Erschließung der Heilsbedeutung des Kreuzes Jesu*

Ohne das Zeugnis, »daß Gott Jesus von den Toten auferweckt hat«, wäre das Kreuz Jesu ein Monument des Scheiterns geblieben, das Beispiel eines sinnlosen Todes, eines von vielen, in denen die sich den Schein des Rechts gebende Barbarei der Macht triumphierte. Das Bekenntnis, »daß er auferweckt worden ist am dritten Tag gemäß den Schriften« (1. Korinther 15,4), läßt auch das Ereignis in einem neuen Licht erscheinen, von dem aus dieser dritte Tag gezählt wird. Im grauenhaften Geschehen seines Todes am Kreuz wird wahrgenommen, »daß Christus gestorben ist für unsere Sünden gemäß den Schriften« (1. Korinther 15,3). Die vorpaulinische Tradition in 1. Korinther 15,3–5 verbindet also die Glaubensaussage von der Auferweckung Jesu mit der Deutung seines Todes als stellvertretender Sühne. Das geschieht auch in der ebenfalls vorpaulinischen Formel in Römer 4,25. Dort wird von Jesus als dem gesprochen,

> »der dahingegeben worden ist um unserer Übertretungen willen und auferweckt worden ist um unserer Rechtfertigung willen«.

Noch bevor solche Formulierungen gebildet wurden, die Tod und Auferweckung Jesu miteinander verbinden, dürfte die in ihnen gemachte Deutung des Todes Jesu in selbständigen Sätzen Ausdruck gefunden haben: »Gott hat seinen Sohn für uns dahingegeben« (vgl. Römer 8,32). »Der Sohn Gottes hat sich selbst für uns(ere Sünden) dahingegeben« (vgl. Galater 1,4; 2,20; Epheser 5,2.25). »Christus ist für uns gestorben« (vgl. Römer 5,6.8; 14,15; 1. Korinther 1,13; 8,11; 2. Korinther 5,14;

Galater 2,21; 1. Thessalonicher 5,10). Doch auch diese Sätze sind gewiß nicht außerhalb des Horizontes der Auferweckungsaussage erfolgt. Wie aber konnte gerade das vom Zeugnis der Auferweckung Jesu her an seinem Kreuz erkannt werden?

Wie die Aussage von der Auferweckung Jesu ist auch die von der stellvertretenden Sühne seines Todes in jüdischem Kontext formuliert worden. Es könnte hilfreich sein, etwas weiter auszuholen und noch einmal einen Blick auf das siebte Kapitel des zweiten Makkabäerbuches zu werfen. Dort begegnet im Rahmen der Hoffnung auf die Auferstehung der Märtyrer ganz am Rande und fast zaghaft die Vorstellung von der stellvertretenden Sühne in dem Sinne, daß der gewaltsame Tod eines Menschen Verfehlungen anderer sühnt und so für diese heilvoll ist. Wo von Sühne gesprochen wird, ist Schuld vorausgesetzt. So sagt der sechste der Brüder zum König: »Täusche dich nicht so töricht! Denn wir leiden dies um unserer selbst willen, weil wir uns gegen unseren Gott verfehlt haben« (18). Der König soll sich nicht einbilden, er handle in eigener Souveränität; er ist vielmehr sozusagen nur Vollzugsorgan Gottes. Die Erkenntnis eigener Schuld gegenüber Gott leitet dazu an, selbst in diesem schrecklichen Geschehen, das leidend erfahren wird, letztlich Gott am Werk zu erblicken. Wenn der Märtyrer davon spricht, daß »wir uns gegen unseren Gott verfehlt haben«, faßt er sich in diesem »Wir« nicht mit seinen Brüdern zusammen, sondern mit seinem ganzen Volk. Es geht nicht darum, das Leiden der Betroffenen durch deren persönliche Verfehlungen zu »erklären«, sondern es wird danach gefragt, was die Situation verursachte, in der sie so leiden müssen. Dementsprechend wird im zweiten Makkabäerbuch der innerjüdische Konflikt, der durch die hellenisierungswilligen Reformer veranlaßt worden war und der erst zum Konflikt mit Antiochos IV. führt, ausführlich dargestellt (4,1–50). In die Misere führte das Verhalten von Menschen des eigenen Volkes, die dessen Besonderheit zurückstellten und damit auch die Besonderheit des Gottes Israels, die sein wollten wie die anderen und den Pakt mit den Mächtigen und Einflußreichen suchten. Die im siebten Kapitel geschilderten Brüder und ihre

Mutter hätten ja demgegenüber allen Grund, sich von dieser Schuld zu distanzieren: Damit hätten sie nichts, aber auch gar nichts zu tun. Denn sie sind es ja gerade, die bis zum letzten den Weisungen Gottes treu bleiben. Aber in aller Selbstverständlichkeit gehen sie von einer gemeinsamen Schuldverhaftung des Volkes aus, dem sie angehören, und akzeptieren von daher das sie treffende Leiden: »Wir leiden dies um unserer selbst willen, weil wir uns gegen unseren Gott verfehlt haben« (18).

Das tut ausdrücklich auch der jüngste Bruder und geht anschließend noch einen Schritt weiter: »Wir leiden nämlich um unserer eigenen Verfehlungen willen. Wenn auch der lebendige Herr, um uns zurechtzuweisen und zu erziehen, für kurze Zeit erzürnt ist, so wird er sich doch wieder seinen Knechten versöhnen« (32f). Aus der Einsicht in die Schuld und im Vertrauen auf die Treue Gottes kann der Leidenserfahrung sogar ein positiver Sinn abgewonnen werden, insofern sie als göttliches Erziehungsmittel verstanden wird.

Diese Aussage dient nicht der Legitimierung von Unrechtshandeln noch der Glorifizierung von Leidenserfahrungen. Es geht vielmehr darum, sie aushalten zu können. Das zeigt der Schluß dieser Rede, an dem nun auch die Sühneaussage in den Blick kommt: »Ich aber gebe wie meine Brüder Leib und Leben hin für die väterlichen Weisungen und appelliere dabei an Gott, er möge dem Volk alsbald gnädig werden und dich (den König) unter Qualen und Plagen bekennen lassen, daß er allein Gott ist, an mir aber und meinen Brüdern möge er den Zorn des Allmächtigen zum Stillstand kommen lassen, der zu Recht über unser ganzes Volk ergangen ist« (37f). Es zeigt sich hier ein eigenartiges Zugleich von Akzeptanz des Geschehens und Protest gegen es, von »Widerstand und Ergebung«. In Anerkenntnis der gemeinsamen Schuldverhaftung nimmt der Märtyrer das ihn treffende Leiden bereitwillig auf sich. Aber dieses grauenvolle Geschehen, in dem er, seine Mutter und seine Brüder zu Tode gemartert werden, wird damit gerade nicht legitimiert, sondern es wird hier zum Appell an Gott, doch damit Schluß zu machen: dem Volk gnädig zu sein und den König zur Anerkenntnis Gottes zu führen. In diesem Zusammenhang taucht die Sühneaussage auf, nicht als glatte dogmatische Formel, die die Widersprüche zudeckt, sondern innerhalb eines Appells. Es ist geradezu ein Appell an Gott gegen Gott. Das wird an der eigenartigen Formulierung deutlich, in der Gott angerufen wird, »den Zorn des Allmächtigen zum Stillstand kommen zu lassen« – als wäre der Allmächtige ein anderer und nicht er selbst, Gott. Es ist ja berechtigt, daß er zürnt. Aber er möge es doch nun mit diesen Martyrien genug sein lassen. Er möge dieses Leiden als stellvertretend für das ganze Volk erlitten gelten lassen. Es möge doch nun endlich Schluß sein mit dieser Gewaltgeschichte. Die Sühneaussage bleibt damit im Rahmen des Protestes. Sie ist Ausdruck des Widerspruchs gegen die Gewaltgeschichte, die sich doch auch von der eigenen Schuld nährt, und des Einstehens für ein Leben des Volkes im Frieden unter der Vergebung und Herrschaft seines Gottes. Der Zusammenhang von Auferstehungsaussage und Sühneaussage in 2. Makkabäer 7 hält die Zukunft offen gegen eine tödlich geschlossene Weltgeschichte. Er hält die Welt und ihre Geschichte offen für den lebendigen Gott, der seinem Volk Raum und Zeit zum Leben gibt.

In solchem Zusammenhang also ist im Judentum die Vorstellung von der stellvertretenden Sühne neu aufgekommen. Das 53. Kapitel des Jesajabuches, das vom stellvertretenden, sühnenden Leiden und Sterben des Gottesknechtes schon lange vorher spricht, hat in dieser Zeit keine für uns erkennbare Wirkungsgeschichte gehabt. So könnte es gut sein, daß die in 2. Makkabäer 7 geäußerten Gedanken über die stellvertretende Sühne der Märtyrer dem Urchristentum eine Hilfestellung boten, vom Glauben an die Auferweckung Jesu her seinen Tod am Kreuz positiv zu deuten und als stellvertretend und sühnend erlitten zu verstehen. In diesem Zusammenhang wurde dann auch das Kapitel Jesaja 53 neu entdeckt. Das zeigt sich in der ersten Zeile der oben wiedergegebenen Tradition aus Römer 4,25, die in deutlicher Anlehnung an die griechische Bibelübersetzung von Jesaja 53,12 formuliert ist. An Jesaja 53 dürfte auch gedacht sein, wenn es in 1. Korinther 15,3 heißt, »daß Christus gestorben ist für unsere Sünden gemäß den Schriften«.

In den traditionellen Sätzen von 1. Thessalonicher 1,10 wird als Erwartung formuliert, daß Jesus vom Himmel kommen und die Seinen aus dem dann erfolgenden Zornesgericht retten wird. Hier sprechen Menschen, die die Geschichte als sie bedrängende Gewaltgeschichte erfahren und auf deren endgültigen Abbruch durch Gott hoffen. Als Rechtsgrund für die erhoffte eigene Rettung dürfte man alsbald den Tod Jesu angeführt haben. Das legt eine weitere Stelle in diesem wahrscheinlich ältesten Brief des Paulus nahe, an der er ebenfalls auf traditionelle Formulierungen anspielt: »Gott hat uns nicht für das Zorngericht bestimmt, sondern damit wir die Rettung erlangen durch unseren Herrn Jesus Christus, da er ja für uns gestorben ist, damit wir, ob wir nun wachen oder schlafen, zugleich mit ihm leben« (5,9f). Wenn die durch »unseren Herrn Jesus Christus« erwirkte Rettung ihren Grund ausdrücklich im Sterben Jesu erhält, weist das daraufhin, daß sein unschuldiger Tod zum Appell an Gott geworden ist, ihn doch als in stellvertretender Sühne erlitten gelten zu lassen für diejenigen, die ihr Leben an Jesus festmachen. Das schließt aber das Bewußtsein ein, auch selbst in die Schuldgeschichte verstrickt zu sein.

Wird die Sühneaussage im Urchristentum ursprünglich in einem solchen Zusammenhang, also im Blick auf das endzeitliche Gericht, aufgenommen worden sein, so zeigt sich doch alsbald eine Betonung des Gegenwartsaspektes: Die durch Jesu Tod bewirkte stellvertretende Sühne kommt nicht erst in der Zukunft zum Zuge; sie gilt schon jetzt und zeitigt ihre Frucht im Leben der Gemeinde. Das sei an dem Zusammenhang Markus 10,42–45 erläutert. Dort spricht Jesus zu seinen Jüngern:

> (42) Ihr wißt: Die als Herrscher über die Völker gelten, unterjochen sie, und ihre Großen unterdrücken sie mit Gewalt. (43) So jedoch ist es nicht unter euch. Vielmehr, wer groß werden will bei euch, soll euer Diener sein; (44) und wer bei euch der erste sein will, soll aller Sklave sein! (45) Denn auch der Menschensohn ist nicht gekommen, sich dienen zu lassen, sondern zu dienen und sein Leben zu geben als Lösegeld für viele.

Der abschließende Menschensohn-Spruch mit seiner Deutung des Todes Jesu entstammt sehr wahrscheinlich dem Nachdenken der nachösterlichen Gemeinde; die vorangehenden Aussagen können auf den irdischen Jesus zurückgehen. Die jetzt vorliegende Einheit besteht deutlich aus drei Teilen: 1. Die Herrschaftsverhältnisse der Welt – wir befinden uns im Zeitalter der Pax Romana – werden aus einer Wahrnehmung von unten beschrieben, die den als »Frieden« ausgegebenen Zustand als unterdrückerische Gewaltherrschaft erkennt (42). 2. Dem wird die Jüngerschaft Jesu, der auf der nachösterlichen Ebene die Gemeinde entspricht, entgegengestellt: In ihr ist es nicht so (43f). Zwar gibt es solche, die Große und Erste sein wollen; die erstrebte Größe und der erstrebte Vorrang sollen sich aber erweisen im Sklavendienst gegenüber den anderen. Die Bezeichnungen Großer und Erster sowie Diener und Sklave sind damit um ihren üblichen Sinn gebracht. Die Gemeinde bildet daher ein konkretes Gegenmodell zur Herrschaftsstruktur der Welt. 3. Die so beschriebene Existenz der Gemeinde wird begründet in der Praxis und im Schicksal Jesu (45). Sein solidarisches Verhalten – sich nicht wie ein Herr bedienen zu lassen, sondern selbst wie ein Sklave zu dienen – ermöglicht solidarisches Leben. Wenn darüber hinaus von seiner Lebenshingabe als »Lösegeld für viele« gesprochen, sein Tod also im Sinn der stellvertretenden Sühne begriffen wird, dann ist damit in diesem Kontext auch das Verständnis von Sünde und Vergebung präzisiert worden. Sünde ist hiernach Herrschaft von Menschen über Menschen, ist Unterdrückung und Gewalt; Sünde ist es, dem Wunsch, Erster und Großer zu sein – der als solcher offenbar nicht als Sünde denunziert wird –, in der Weise von Herrschaftserlangung und Herrschaftsausübung nachzugehen. Vergebung erweist sich dann als Befreiung aus den Verstrickungen in die Gewaltgeschichte, als Befreiung aus der Komplizenschaft mit der Macht der Gewalt. Solche Befreiung erblickt die Gemeinde in der völligen Ohnmacht des Todes Jesu.

Noch ein weiterer Aspekt ist in den Blick zu nehmen. In Markus 10,45 gilt der Tod Jesu als »Lösegeld für viele«. Hier könnte Einfluß der hebräischen Sprache vorliegen. Dort bezeichnet »viele« die große Menge und kann daher »alle« einschließen. Auf jeden Fall aber ist der Tod Jesu als stellvertretende Sühne in alle einschließender Weise bei Paulus verstanden. So heißt es in 2. Korinther 5,19: »Gott war in Christus und versöhnte die Welt mit sich selber und rechnete ihnen ihre Übertretungen nicht an.« Man muß sich die Ungeheuerlichkeit dieser Aussage klar vor Augen stellen: Eine eher beiläufige Hinrichtung in einem Winkel der römischen Welt gilt als Grund weltumgreifender Versöhnung! Verständlich wird das nicht vom griechischen Universalismus her, sondern – wenn überhaupt – im Horizont der Apokalyptik. Diese umfassende Aussage scheint weit entfernt zu sein von dem Appell in 2. Makkabäer 7, Gott möge doch die geschilderten Martyrien als Sühne für das Volk gelten lassen, aber sie liegt doch in der Weiterführung der hier angezeigten Linie. Die universale Ausweitung ist ermöglicht durch die apokalyptische Aussage, daß Gott Jesus von den Toten auferweckt hat, daß damit die Endzeit angebrochen ist. Es geht nicht mehr um das Ende von bestimmten Bedrängnissen innerhalb der ansonsten weiterlaufenden Geschichte, sondern um das Ende der Gewaltgeschichte überhaupt. Ist mit der Auferweckung Jesu Gott selbst sozusagen dazwischengetreten, so wird, da es ja um die Auferweckung vom *Tode,* von diesem bestimmten Tod am Kreuz geht, solches Dazwischentreten Gottes schon im Blick auf diesen Tod geglaubt: »Gott war in Christus und versöhnte die Welt mit sich selber und rechnete ihnen ihre Übertretungen nicht an.« *Gott* war in Christus, auch in seinem unschuldigen Sterben. Wie sollte dieses schlimme Geschehen dann nicht zugleich auch ein heilvolles sein? Wem sollte dann die Stellvertretung dieses Todes nicht zugutekommen können? Es bleibt nur zu beachten, daß diese Aussage nicht isoliert werden darf. Sie ist umgeben von Ausführungen über die Erwartung heilvoller Zukunft (5,1–10) und über die Erfahrung gegenwärtiger Bedrängnisse (6,3–10), steht daher im Kontext des Protestes gegen die Gewaltgeschichte. Deshalb sind weder alle Sünder einfach gleich, noch ist über alle Sünden mit dem Schwamm gewischt worden. Aus der Gewißheit auf heilvollen Abbruch würde dann die Gewißheit, daß es – weil ja immer wieder vergeben wird – auch immer so weitergeht. Es geht nicht so weiter. Der unbedingten Zusage, daß Gott die Welt mit sich selber versöhnt hat, läßt Paulus in Vers 20 die Bitte folgen: »Laßt euch versöhnen mit Gott!« Was Gott getan hat, bedarf sozusagen der menschlichen Ratifikation im Befolgen dieser Aufforderung. Und so hat der ganze Abschnitt in 2. Korinther 5 seinen Zielpunkt in Vers 21: »Den, der Sünde nicht kannte, hat er für uns zur Sünde gemacht, damit wir würden Gerechtigkeit Gottes in ihm.« Vergebung bewirkt nicht, daß es immer so weitergeht, sondern daß die Gemeinde als diejenige Welt, die sich darauf einläßt, daß Gott die Welt mit sich selber versöhnt hat, die Gerechtigkeit Gottes repräsentiert, zum Spiegel wird für die in Christus aller Welt erwiesenen Solidarität Gottes.

Der Glaube, »daß Christus für unsere Sünden gestorben ist«, bedeutet also nicht, die Ohnmacht des Kreuzestodes Jesu mit Sinn zu überkleistern, bedeutet nicht, daß alles, was ist, schon seine gute Ordnung und seinen tiefen Sinn habe, sondern heißt, gerade in der Ohnmacht des Kreuzes Jesu das Dazwischentreten Gottes zu erkennen, das in der Befreiung zu anderem, zu neuem Leben Protest erheben läßt gegen den Un-Sinn der Gewaltgeschichte. Es ist der Protest derjenigen, die im Glauben an Jesus als den erhöhten Erniedrigten, als den Ohnmächtigen, dem doch alle Macht gehört, ihre eigene Verstrickung in die Schuldgeschichte erkannt haben und sich davon befreien lassen.

THESE: Die Rede von der Auferweckung Jesu als »wahre Geschichte« und »wirkliches Gleichnis« bewährt ihre Wahrheit und gewinnt Wirklichkeit, wo Menschen sich die vom Zeugnis der Auferweckung Jesu her in seinem Kreuz erschlossene Versöhnung gesagt sein lassen und als Versöhnte geschwisterlich miteinander leben.

V. Aspekte der Erscheinungsgeschichten der Evangelien

1. Vorbemerkungen

Ausgeführte Erzählungen über Erscheinungen Jesu vor seinen Jüngerinnen und Jüngern scheinen nicht sehr alt zu sein. Wie oben besprochen, ist Paulus der einzige unter denen, die einer Erscheinung Jesu teilhaftig wurden, von dem uns eigene Äußerungen darüber überliefert sind. Wo er in seinen Briefen darauf zu sprechen kommt, begnügt er sich mit knappen Andeutungen. Sie stellen als entscheidend heraus, daß Gott oder der auferweckte Christus es ist, der die Initiative ergriffen hat, und daß er, Paulus, dabei als Sehender beteiligt war, was zu einer radikalen Umkehr in seinem Leben führt. Im wesentlichen hält diese Elemente auch die dreimalige erzählerische Umsetzung des »Damaskuserlebnisses« in der Apostelgeschichte fest (9,1–9; 22,6–11; 26,12–18). Allerdings sieht hier Paulus nicht Jesus als Herrn, sondern es umleuchtet ihn »ein Licht vom Himmel«, und er hört eine Stimme, deren Träger er als »Herrn« anredet, der sich dann als Jesus identifiziert. Schon um seine Leser- und Hörerschaft nicht zu langweilen, erzählt der Verfasser nicht jedesmal in derselben Weise; er bemüht sich um Abwechslung in der Darstellung. Dabei kommt es auch zu einem auffälligen Widerspruch: Nach 9,7 hören die Begleiter des Paulus zwar die Stimme, sehen aber niemanden, während sie nach 22,9 umgekehrt das Licht sehen, aber die Stimme nicht hören. Mit diesem Widerspruch zwischen den Berichten deutet der Verfasser selbst an, daß er – was die erzählerischen Ausgestaltungen betrifft – nicht beim Wort genommen werden will. Davon sind auch nicht die genannten wesentlichen Momente betroffen.

Hat so die Erscheinung vor Paulus die Form einer Erzählung angenommen, ist das bei den in 1. Korinther 15,5–7 genannten Erscheinungen vor Petrus, Jakobus und den »mehr als 500 Geschwistern« nicht geschehen. Daß es sich bei den Erzählungen vom wunderbaren Fischfang des Petrus (Lukas 5,1–11) und von der Verklärung Jesu vor drei Jüngern (Markus 9,2–8; Matthäus 17,1–8; Lukas 9,28–36), unter denen Petrus besonders hervorgehoben wird, um ins Leben Jesu zurückdatierte Ostergeschichten handle, ist eine unbeweisbare Annahme, deren Wahrscheinlichkeit nicht sonderlich hoch ist. Das Markus-Evangelium kommt ohne eine Erscheinungsgeschichte aus. Es endet mit der schon besprochenen Erzählung von den Frauen im leeren Grab Jesu. Die Verfasser des Matthäus- und Lukas-Evangeliums haben die Verheißung des »Sehens« in Markus 16,7 als Ankündigung von Erscheinungen verstanden und dann auch Erscheinungsgeschichten gebracht, die sich allerdings beträchtlich voneinander unterscheiden. Wieder andere Erscheinungsgeschichten bietet das Johannes-Evangelium. Diese Beobachtungen machen es alles andere als wahrscheinlich, daß die Erscheinungsgeschichten alte Tradition sind. Zudem läßt es sich zeigen, daß der eigene Anteil der Evangelisten an der Gestaltung dieser Geschichten recht hoch ist. Das macht aber zugleich deutlich, daß es ihnen wichtig war, davon zu erzählen. Wie haben sie vom auferweckten Jesus erzählt? Sie erzählen Geschichten davon, daß Jesus seinen Jüngerinnen und Jüngern erschienen ist. Sie erzählen sie so, daß in diesen Geschichten Jesus ihrer Hörer- und Leserschaft erscheint. Ihnen, den Leserinnen und Lesern, den Hörerinnen und Hörern des jeweiligen Evangeliums, soll Jesus als lebendig, als Auferweckter bezeugt werden; ihnen soll er »erscheinen«. Deshalb wird die Ostererfahrung der ersten Zeugen umgesetzt in Geschichten, um so den Späteren in ihre Situation hinein vermittelt werden zu können. Da es unterschiedliche Situationen gab, führte das auch zu unterschiedlichen Akzentuierungen in den Geschichten. Vielleicht kann die eingangs zitierte rabbinische Tradition hilfreich sein, ihr je verschiedenes Profil kenntlich zu machen.

Doch zuvor sei noch ein Blick auf eine Systematisierung geworfen, die der Verfasser von Lukas-Evangelium und Apostelgeschichte vorgenommen hat. Danach stellte sich Jesus den Aposteln »nach seinem Leiden durch viele Beweise als lebend vor, indem er ihnen 40 Tage lang erschien und sie über das Reich Gottes belehrte« (Apostelgeschichte 1,3). In diesen 40 wie auch in den darauf folgenden 10 Tagen halten die Jünger sich ausschließlich in Jerusalem auf (Lukas 24,49.52f; Apostelgeschichte 1,4). Die in Markus 16,7 enthaltene Aufforderung an die Jünger, nach Galiläa zu gehen, hat dieser Evangelist verändert. Er läßt die Engel im Grab - bei ihm sind es zwei - die Frauen daran erinnern, was Jesus in Galiläa gesagt hat: Daß er nämlich gekreuzigt werden und auferstehen müsse (Lukas 24,6f). Die Zeit der Erscheinungen Jesu vor seinen Jüngern wird also hier auf 40 Tage nach dem Ostertag festgelegt. Wie die anschließende Datierung der Ausgießung des Geistes in Apostelgeschichte 2,1 auf das Wochenfest (»Pfingsten«) zeigt, ist die Zahl 40 wörtlich zu nehmen. Daß die Zeit, in der Jesus seinen Jüngerinnen und Jüngern als Auferweckter erschien, nicht unbegrenzt war, setzt auch Paulus voraus. Er sagt ja von sich, daß er ihm als letztem erschienen sei (1. Korinther 15,8). Allerdings kennt Paulus keine Begrenzung auf 40 Tage. In ein solches Schema würde er auch nicht hineinpassen. Wenn er an der genannten Stelle sagt, daß Christus ihm »gleichsam als einer Fehlgeburt« erschienen sei, stellt er damit nicht auf eine Außerordentlichkeit des Zeitpunktes ab; eine Fehlgeburt kommt ja auch nicht zu spät, sondern zu früh. Vielmehr erklärt der folgende Vers diese Selbstbezichtigung mit seiner Verfolgertätigkeit gegen die Gemeinde.

Die Angaben des Lukas-Evangeliums und der Apostelgeschichte lassen sich auch nicht mit den beiden anderen Evangelien harmonisieren, die Erscheinungsgeschichten bieten. Nach dem Matthäus-Evangelium begegnet Jesus den Frauen auf dem Rückweg vom Grab, sagt ihnen aber nicht mehr, als was sie vorher schon von dem Engel vernommen hatten (28,9f). Die in der Engelrede nur enthaltene Aufforderung, nach Galiläa zu gehen, wird von Jesus jedoch direkt ausgesprochen. Daran knüpft Vers 16 ohne weitere Zeitangabe an: »Die elf Jünger aber gingen nach Galiläa.« Dort erscheint ihnen Jesus; und mit dessen »Missionsbefehl« schließt das Evangelium eindrucksvoll ab (28,18-20). Auf diesen Höhepunkt hin ist das ganze Kapitel komponiert.

Nach dem Johannes-Evangelium erscheint Jesus Maria aus Magdala am Ostermorgen (20,11–18), am Abend desselben Tages – als Ort ist Jerusalem vorausgesetzt – den Jüngern (20,19–23). Sie erhalten da schon den heiligen Geist (22) und müssen nicht erst noch 50 Tage auf ihn warten. Von einer weiteren Erscheinung, bei der der Jünger Thomas eine besondere Rolle spielt – genau eine Woche später, ein Ortswechsel ist nicht angedeutet –, wird in 20,24–29 erzählt. Schließlich teilt Kapitel 21 eine Selbstoffenbarung Jesu vor seinen Jüngern »am See von Tiberias« mit; als Zeitangabe steht ein unbestimmtes »Danach« (21,1).

Der Verfasser des Lukas-Evangeliums und der Apostelgeschichte bietet in zeitlicher Hinsicht sicher das durchgeführteste Konzept. Es ist daher nicht verwunderlich, daß sich die spätere Kirche bei der Ausbildung ihrer Feste an ihm orientiert hat. Seine Konstruktion der 40 Tage hatte allerdings in der Alten Kirche noch eine andere Wirkung. Die summarische Bemerkung in Apostelgeschichte 1,3, daß Jesus sich den Aposteln »nach seinem Leiden durch viele Beweise als lebend vorstellte, indem er ihnen 40 Tage lang erschien und sie über das Reich Gottes belehrte«, macht die vom Evangelisten erzählten Erscheinungsgeschichten zu Beispielen für eine unbestimmte Vielzahl von Erscheinungen. Dadurch entsteht die Vorstellung, als wäre Jesus in den 40 Tagen in großer Ausgiebigkeit mit seinen Jüngern zusammen gewesen. Da die wenigen tatsächlich erzählten Erscheinungsgeschichten diesen relativ großen Zeitraum nur zum geringsten Teil auszufüllen vermögen – betroffen sind nur der erste und letzte Tag –, bot die Angabe der 40 Tage eine geradezu ideale Ansatzstelle für eine umfangreiche apokryphe Evangelienproduktion mit Belehrungen des auferweckten Jesus an seine Jünger.

Daß die Erscheinungsgeschichten der Evangelien in zeitlicher und räumlicher Hinsicht nicht miteinander harmonisiert werden können – auch nicht hinsichtlich ihrer Abfolge und hinsichtlich der beteiligten Personen –, macht deutlich, daß sie etwas anderes sind und sein wollen als historische Berichte. Darauf wird am Schluß des Kapitels noch einmal zurückzukommen sein. Die Erscheinungsgeschichten sind – Geschichten. Diese Geschichten wollen das, was diejenigen, die eine Erscheinung Jesu hatten, erfahren und dann bezeugt haben, erzählend vermitteln, damit in der Erzählung Jesus auch den Späteren erscheine und sie dem Zeugnis der ersten Zeuginnen und Zeugen zustimmen und es dann auch selbst weitersagen können.

2. Die Gegenwart des Auferweckten

Nach der letzten Szene des Matthäus-Evangeliums »gingen die elf Jünger nach Galiläa auf den Berg, den ihnen Jesus angeordnet hatte« (28,16). Ohne jeden Umschweif wird in Vers 17 festgestellt, daß sie ihn erblickten und daraufhin fußfällig verehrten. »Einige aber zweifelten.« Die Überwindung des Zweifels wird jedoch anschließend nicht zum Thema gemacht. Sie versteht sich von selbst, wo dem letzten Wort Jesu (28,18–20) gefolgt und vertraut wird. Auf dieses letzte Wort läuft mit dieser Szene das ganze Kapitel, ja das ganze Evangelium zu. Der auferweckte Jesus beauftragt seine Jünger, alle Völker in seine Jüngerschaft zu holen durch Taufe und Belehrung, die im Halten des von ihm Gebotenen ihr Ziel erreicht. Den Abschluß bildet eine Verheißung: »Und siehe, ich bin bei euch alle Tage bis zum Ende der Weltzeit.« Das erinnert an eine Verheißung, die schon der irdische Jesus gegeben hatte, in der aber ebenfalls deutlich die Zeit nach Ostern im Blick war: »Wo zwei oder drei in meinem Namen versammelt sind, dort bin ich in ihrer Mitte« (Matthäus 18,20). Daß Jesus seinen Jüngerinnen und Jüngern gegenwärtig ist, daß er in seiner Gemeinde präsent ist, das wollen auch die Erscheinungsgeschichten bezeugen. Für die Erkenntnis seiner Gegenwart in der Gemeinde wollen sie Fingerzeige geben. Aber wie kann und soll von seiner lebendigen Gegenwart nach seinem Tod erzählt werden, wenn seine Auferweckung keine Rückkehr in das Leben vor dem Tod war, er den Tod vielmehr ein für allemal hinter sich hat und dennoch lebt?

Rabbi Eliezer ben Hyrkanos hatte den Text Ezechiel 37 massiv-realistisch als tatsächlich erfolgte Totenauferstehung ausgelegt, zugleich aber einen eigenartig unwirklich anmutenden Zug eingebracht, indem er von den lebendig Gemachten nicht mehr aussagte, als daß sie ein Lied sangen und starben. Das hatte Rabbi Jehuda ben Elai »ein wirkliches Gleichnis« genannt. Diesem »wirklichen Gleichnis« entsprechen unter den neutestamentlichen Erscheinungsgeschichten wohl am deutlichsten die Erzählungen über die Begegnungen des auferweckten Jesus mit den beiden Jüngern auf dem Weg nach Emmaus (Lukas 24,13–35) und mit Maria aus Magdala am Grab (Johannes 20,11–18). Sie spielen an bestimmten Orten und zu bestimmten Zeiten. Der auferweckte Jesus begegnet in ihnen also in Raum und Zeit. Doch zugleich überschreitet er Raum und Zeit, so daß seine Darstellung einen eigenartig schwebenden Charakter bekommt. Unvermittelt ist er da. Er gesellt sich den beiden Wanderern nach Emmaus zu (Lukas 24,15) und tritt Maria entgegen, als sie sich vom Grab zurückwendet (Johannes 20,14). Nach Johannes 20,19.26 tritt er unter seine im Haus versammelten Jünger, obwohl die Türen verschlossen sind. Er ist einfach da. Und doch wird er von den nach Emmaus gehenden Jüngern und von Maria nicht erkannt. Als es endlich zum Erkennen kommt, entzieht sich Jesus sofort. Gehen wir dieser eigenartigen Darstellung genauer nach, indem wir diese beiden Geschichten im einzelnen betrachten.

a) Loslassen und erinnern: Maria aus Magdala (Johannes 20,11–18)

Nach dem Johannes-Evangelium ist es Maria aus Magdala, die am Ostermorgen als erste und allein zum Grab Jesu geht (20,1). Als sie den Stein vom Grab entfernt sieht, läuft sie zu Simon Petrus und »dem anderen Jünger, den Jesus liebte«, und sagt ihnen, daß Jesus aus dem Grab genommen worden sei (2). Daraufhin machen sich beide zum Grab auf (3). Zunächst heißt es von ihnen: »Es liefen aber die beiden zusammen.« Dann aber wird von »dem anderen Jünger« gesagt, daß »er schneller lief als Petrus und als erster zum Grab kam« (4). Dort blickt er zwar ins Grab und sieht die Leinentücher, geht aber nicht hinein (5). Als Petrus kommt, geht er gleich ins Grab, sieht, was der andere schon gesehen hat, darüber hinaus aber auch das Schweißtuch (6f). Dann erst geht der andere hinein, von dem noch einmal ausdrücklich gesagt wird, daß er das Grab als erster erreichte; und von ihm heißt es dann auch: »Und er sah und glaubte« (8). Es spiegelt sich hier also eine eigenartige Konkurrenz wider. Die aber bleibt – trotz der Aussage, daß »der andere Jünger« glaubte – ohne jedes Ergebnis. Abschließend wird jedenfalls in Vers 10 lediglich festgestellt: »Da gingen die Jünger wieder weg zu sich nach Hause.« Nach diesem folgenlosen Intermezzo geht die Geschichte da weiter, wo sie schon einmal war, bei Maria aus Magdala am Grab Jesu. »Maria aber stand draußen am Grab und weinte« (11). Maria trauert. Sie geht wie selbstverständlich zum Grab Jesu. Das ist der Ort, an dem der Abschied sich weiter vollzieht und an dem ihre Erinnerung sich festmachen kann, der Ort stärksten Gedenkens.

Sie steht am Grab Jesu und weint. Dieses Bild ist transparent für die Situation der Gemeinde des Evangelisten. In der weinenden Maria kann die Gemeinde sich wiedererkennen; sie wird von dieser Frau repräsentiert. Es ist eine bedrängte Gemeinde, die um des Bekenntnisses zu Jesus willen schlimme Erfahrungen macht, Erfahrungen von sozialer Isolierung und Verfolgung. Im Weinen der Maria erfüllt sich die Trauer, die Jesus seinen Jüngern in den Abschiedsreden des Johannes-Evangeliums angekündigt hatte: »Amen, amen, ich sage euch: Ihr werdet weinen und jammern, die Welt aber wird sich freuen« (16,20). Der Evangelist läßt hier Jesus seinen Jüngern für die Zeit unmittelbar nach seinem Tod solche Trauererfahrungen ankündigen, wie sie die Gemeinde zu seiner eigenen Zeit macht. Zugleich aber kündigt Jesus den Geist als Helfer an, der in alle Wahrheit führt, den Tröster, der an alles erinnert. Und so steht neben der Ankündigung der Trauer sofort auch die Verheißung von Freude: »Ihr werdet trauern, aber eure Trauer soll zur Freude werden« (16,20). Mit dieser Darstellungsweise macht der Evangelist klar: Die gegenwärtige Trauer der Gemeinde, die ja schon jenseits des Abschieds Jesu und also zur Zeit des Geistes lebt, ist im Grunde anachronistisch. Aber er tadelt seine Gemeinde nicht, so wenig wie er die zum

Grab gehende Maria tadelt. Beide haben Grund zur Trauer; es besteht Anlaß zum Weinen. Das ist die Situation; sie wird nicht übersprungen. Der Evangelist kritisiert Maria nicht. Sie wird am Ort ihrer Trauer abgeholt und weitergeführt – wie die Gemeinde auch, deren Trauer und Klage nicht der Einbildung entspringt, sondern schlimmer Wirklichkeit Ausdruck gibt. Doch mit seiner Darstellung stellt der Evangelist wichtige Fragen: Was ist die rechte Art, sich an Jesus zu erinnern? Kann in einem bedrängenden Alltag Jesus lebendige Gegenwart werden? In der Gestalt der weinenden Maria, die in der unerwarteten Begegnung mit dem lebendigen Jesus zu dessen Zeugin wird, will der Evangelist auch seine Gemeinde diesen Weg führen.

Die weinende Maria hat diesen Weg noch vor sich. Sie geht den der Trauer selbstverständlichen Gang zum Grab. Sie sieht den Stein vom Grab entfernt und meldet den Jüngern: »Man hat den Herrn aus dem Grab geholt, und wir wissen nicht, wo man ihn hingelegt hat« (20,2). Das leere Grab wird ihr so wenig zum Zeichen der Auferstehung wie die Engel, die sie, als sie weinend am Grab steht und sich vorbeugt, dort erblickt (12). Auf deren Frage, warum sie weine, antwortet sie: »Weil man meinen Herrn geholt hat und ich nicht weiß, wo man ihn hingelegt hat« (13). Und ein drittes Mal sagt sie zu dem, den sie für den Gärtner hält: »Wenn du ihn fortgeschafft hast, sage mir, wo du ihn hingelegt hast, und ich will ihn holen« (15). Nachdem Jesus umgebracht worden ist, soll nicht auch noch sein Leichnam spurlos verschwunden sein. Zugleich will Maria ihre Trauer am toten Jesus festmachen. Das ist ein selbstverständlicher menschlicher Wunsch. Die Trauer soll nicht in unbestimmtem Raum umherirren, sondern einen festen Ort haben, einen Halt bekommen an der Stelle, wo der Leichnam beigesetzt ist. Maria will sich dieses Haltes in stärkster Weise vergewissern. Sie will vom »Gärtner« nicht nur wissen, wohin er Jesus gelegt habe, um dann an diesem Ort zu verweilen. Sie will den Leichnam Jesu geradezu »hervorholen«: Sie will die denkbar stärkste »Reliquie«. Damit – mit dem, was nach ihrer Meinung von Jesus nach seinem Tod übriggeblieben ist – kann sie die Erinnerung an ihn bewahren, seiner gedenken, lebt sie in der Gemeinschaft mit dem Toten. Der Fortgang der Geschichte zeigt, daß das, was sonst verständlich und angemessen ist, in diesem einen Fall nicht ausreicht, zu wenig ist. Es geht hier nicht um die Erinnerung an einen Toten, sondern um ein Gedenken, das Jesus im Geist als Lebendigen gewärtigt.

Aber bis dahin ist Maria noch nicht durchgestoßen. Im Gegenteil: Nachdem sie im Grab die Engel gesehen und ihnen ihre Ratlosigkeit kundgetan hat, heißt es weiter: »Als sie das gesagt hatte, wandte sie sich um, zurück« (14). Das kann ganz vordergründig verstanden werden. Als Maria den Leichnam Jesu nicht findet, wendet sie sich ab vom Grab und will zurückkehren. Aber es könnte auch sehr hintergründig gemeint sein. Auffällig ist zunächst die ausdrückliche Hinzufügung des »Zurück«. Ein solches »Zurück« findet sich noch einmal im sechsten Kapitel. Da nehmen Jünger an Jesus Anstoß, kehren »zurück« und gehen nicht mehr mit ihm (66). Das ist dort transparent für die Situation der Gemeinde, die Abfall erlebt. Im Text werden anschließend die Zwölf zu Repräsentanten derer, die treu am Bekenntnis festhalten, das Petrus stellvertretend für sie alle spricht (67–69). Das Bekenntnis zu Jesus exponiert, versetzt in gefährdete Lage. Da kann es schon geschehen, daß man meint, ohne jeden Anhalt zu sein, keinen Boden mehr unter den Füßen zu haben. Was ist da näherliegend, als sich in jeder Beziehung »zurück«-zuwenden? Als Maria selbst ihre Trauer an nichts mehr festmachen kann, wendet sie sich »zurück«.

Dem resignierenden Rückzug stellt sich jedoch der lebendige Jesus selbst entgegen. Anders, scheint es, ist dieser Rückzug nicht aufzuhalten. Doch die Begegnung zwischen Jesus und Maria, wie sie hier erzählt wird, hat einen eigenartig schwebenden Charakter:

> (14) Und sieht da Jesus stehen und weiß nicht, daß es Jesus ist. (15) Jesus sagt zu ihr: Frau, was weinst du? Wen suchst du? Weil sie meint, er sei der Gärtner, sagt sie zu ihm: Herr, wenn du ihn fortgeschafft hast, sage mir, wo du ihn hingelegt hast, und ich will ihn holen. (16) Jesus sagt zu ihr: Maria. Sie wendet sich um und sagt zu ihm auf hebräisch: Rabbuni. Das heißt: Meister. (17) Jesus sagt zu ihr:

Laß mich los! Denn ich bin noch nicht zu meinem Vater hinaufgestiegen.

Das Besondere des Textes zeigt sich darin, daß er zugleich eindeutig benennt und doch in der Schwebe hält. Von vornherein stellt er fest, daß es Jesus ist, der Maria begegnet. Er sagt aber nicht, daß er das in der Gestalt eines Gärtners tut. Er sagt nur, Maria meine, es sei der Gärtner. Wie sehr der Text in der Schwebe hält, zeigt sich, wenn er in Spiel umgesetzt werden soll. Mittelalterliche Osterspiele fanden verschiedene Lösungen für die Rolle Jesu, die hier ein Problem darstellt, das nicht befriedigend gelöst werden kann. Entweder tritt Jesus als herrscherliche Person auf oder als Gärtner oder zunächst als Gärtner und dann – in einem schnellen Wechsel der Rolle – als herrscherliche Person, die Maria mit Namen anredet. Jedesmal aber ist die Eigenart des Textes, die er auch nur als Text haben kann, aufgelöst, die Eigenart nämlich, daß die Leser- und Hörerschaft von vornherein Bescheid weiß, die am Geschehen direkt beteiligte Person aber nicht. Maria meint, den Gärtner vor sich zu haben. Aus ihrer Perspektive betrachtet, wird von einer Begebenheit im Rahmen des Üblichen erzählt. Wo es nicht erwartet werden konnte, erfolgt, als Maria sich von Jesus angesprochen erfährt, eine überraschende Begegnung, ein überraschendes Wiedererkennen. Eigenartig erscheint, daß jetzt noch einmal davon gesprochen wird, daß Maria »sich umwendet« (16). Sie stand doch schon der Person gegenüber, der sie begegnet war. Daß sie sich zwischenzeitlich wieder von ihr abgewandt habe, ist durch das Gespräch ausgeschlossen. Sollte nicht auch hier der Evangelist wieder sehr hintergründig formulieren? Maria hatte ja gemeint, es mit dem Gärtner zu tun zu haben. Erfolgt dann nicht hier die Wendung vom »Gärtner« zu Jesus selbst, als sie dessen Anrede vernimmt? Und sollte mit all dem der Evangelist nicht die eigene Zeit und Gemeinde im Blick haben, in der es geschehen kann, ja in der es darauf ankäme, die Anrede Jesu in Gestalten und Situationen zu gewärtigen, in denen man es nicht erwartet? Wenn die weinende Maria am Grab Jesu die Gemeinde repräsentiert, wenn die Gemeinde sich in Maria wiedererkennen kann und soll, wenn sie liest und hört, daß Jesus schon da ist, obwohl Maria es noch nicht merkt, dann soll sie merken und erkennen, daß er auch in ihrer Gegenwart da ist.

Nachdem es endlich zum Erkennen gekommen ist, entzieht sich Jesus sofort wieder. »Rühr mich nicht an!« sagt er zu Maria nach der Luther- Übersetzung. Die grammatische Form dieser Aufforderung im Griechischen kann besagen, daß einem schon eingetretenen Fall, einem bereits bestehenden Zustand ein Ende gemacht werden soll. Dafür bietet das Johannes-Evangelium im vorangehenden Kapitel einen Beleg, wenn die Oberpriester die von Pilatus veranlaßte Aufschrift am Kreuz Jesu geändert haben wollen: »Schreibe nicht: ›Der König der Juden‹, sondern daß jener gesagt hat: ›Ich bin der König der Juden‹« (19,21).

Maria will mit Jesus die Gemeinschaft wieder aufnehmen, die sie vor seinem Tod mit ihm gehabt hat, an die Zeit vor der Kreuzigung unmittelbar anknüpfen. Doch solchem rückgreifenden Zugriff entzieht sich Jesus. »Rühr mich nicht an!« hieße dann genauer: »Halte mich nicht länger fest!« »Laß mich los!« Maria muß lernen – und mit ihr soll die Gemeinde es lernen –, das Bild des irdischen Jesus loszulassen. Es geht nicht um die Beschwörung des Vergangenen, sondern um seine wirksame Vergegenwärtigung. Es geht nicht um die Pflege des Andenkens an einen Toten, sondern darum, ihn als Lebendigen zu gewärtigen.

Weil dem Evangelisten an der Präsenz Jesu in der Gegenwart der Gemeinde liegt, läßt er Jesus zu Maria sagen: »Laß mich los! Denn ich bin noch nicht zum Vater aufgestiegen« (17). Damit erinnert er die Leser- und Hörerschaft seines Evangeliums an frühere Aussagen, die Jesus im Blick auf seinen Tod gemacht hat: Daß er dahin aufsteige, wo er vorher war (6,62); daß er zum Vater gehe (vgl. 14,12; 16,5). Und mit dieser Ankündigung war eine Verheißung verbunden, die Verheißung des Geistes als Helfer.

> Und ich werde den Vater bitten, und er wird euch einen anderen Helfer geben, auf daß er immer bei euch sei: den Geist der Wahrheit (14,16f).
>
> Ich sage euch die Wahrheit: Es nützt euch, daß ich weggehe. Wenn ich

> nämlich nicht weggehe, kommt der Helfer nicht zu euch; wenn ich aber gehe, werde ich ihn zu euch schicken (16,7).

Der Geist kommt. Jesus aber geht weg. Wohin? Er geht in den Tod; er stirbt. Aber er geht in den Tod, mit dem Gott sich identifiziert. Es ist ein schlechterdings einmaliges Geschehen. Es ist allerdings auch in der Weise einmalig, daß es vergangenes Geschehen ist, erfolgt an einem bestimmten Platz der Erde zu einem bestimmten Zeitpunkt der Geschichte. Aber es ist ein einmaliges Geschehen auch in der Weise, daß Gott, indem er sich selbst damit identifiziert, hier ein für allemal gezeigt hat, wer er ist, und als seine Wirklichkeit die sich selbst hingebende Liebe offenbarte. Daß dieses Werk Jesu wirksam bleibt, daß es Menschen gibt, die sich auf die hier zugesagte Liebe Gottes als tragende Wirklichkeit ihres Lebens einlassen, das ist nicht der wilde Entschluß fanatisierter Trotzköpfe, die sich über die harte und tödliche Wirklichkeit der Welt hinwegtäuschen, das ist vielmehr das Werk des Geistes. Der ist ein »Geist der Wahrheit«, weil er die Wirklichkeit Gottes erschließt. Er tut das, indem er an Jesus erinnert und ihn bezeugt:

> Der Helfer, der heilige Geist, den der Vater in meinem Namen senden wird, der wird euch alles lehren und euch an alles erinnern, was ich euch gesagt habe (14,26).
> Wenn aber der Helfer kommt, den ich euch vom Vater her senden werde, der Geist der Wahrheit, der vom Vater ausgeht, der wird über mich Zeugnis ablegen (15,26).

Der heilige Geist kann daher beschrieben werden als die Kraft der Wiederholung, des Wieder-Holens im erinnernden Zeugnis. Er ist die Kraft, die Jesus in seinem Werk und Geschick, indem sie ihn bezeugt und erinnert, präsent werden läßt. Das Erinnern des Geistes ist so ganz und gar nicht ein künstliches Sich-Zurückversetzen in die Vergangenheit und der Versuch des Nacherlebens, sondern die Präsenz des einmal und ein für allemal Geschehenen. Es vollzieht sich im Zeugnis der Jünger, der Glaubenden (15,26f).

Und so erhält auch Maria aus Magdala einen Auftrag. Zu ihr, die den gestorbenen Jesus loslassen soll, um für den im Geist begegnenden lebendigen offen zu sein, wird gesagt:

»Gehe aber zu meinen Geschwistern und sage ihnen: Ich steige hinauf zu meinem Vater und zu eurem Vater, zu meinem Gott und zu eurem Gott« (17). Jesus unterscheidet hier nicht zwischen seinem Gott und Vater und dem Vater und Gott seiner Jüngerinnen und Jünger, sondern durch ihn ist sein Gott und Vater auch der ihre. Als seine Geschwister sind sie Kinder Gottes. An keiner Stelle vorher im Johannes-Evangelium hat er seine Jünger als seine Geschwister bezeichnet. Das tut er erst jetzt, da er mit seinem Tod zu seinem Gott und Vater geht. Bevor einer stirbt, tut er seinen letzten Willen kund, mit dem er seinen Hinterbliebenen etwas vermacht. Jesus hat mit seinem Tod seinen Jüngerinnen und Jüngern die Liebe Gottes vermacht; und so hat er ihnen als sein Vermächtnis gegeben, einander zu lieben: »Ein neues Gebot gebe ich euch, daß ihr einander liebt, wie ich euch geliebt habe, damit auch ihr einander liebt. Daran werden alle erkennen, daß ihr meine Jünger seid, wenn ihr Liebe untereinander habt« (13,34f). Die geschwisterliche Gemeinde, die das Liebesgebot Jesu erhalten hat, an das sie der Geist erinnert, indem er sie in die im Tod Jesu offenbar gewordene Liebe Gottes stellt – diese geschwisterliche Gemeinde wäre dann wohl auch der Ort, an dem die lebendige Gegenwart Jesu erfahren werden könnte.

Sie ist jedenfalls der Ort, an den Maria aus Magdala gewiesen wird. Sie geht hin und wird zur ersten Zeugin, indem sie das grundlegende Bekenntnis spricht: »Ich habe den Herrn gesehen« (18). Sie wird zur Zeugin der Gegenwart Jesu, indem sie ihn als Herrn bekennt. Und das heißt ja zugleich, daß die Herrschaftsansprüche anderer Herren abgewiesen werden. Unter der Herrschaft dieses einen Herrn gewinnt Geschwisterlichkeit Raum. Gegenüber all den vielen Herrschaftsansprüchen schafft das Bekenntnis zu ihm Raum, indem es mit ihnen aufräumt; und darin gewinnt dieser Herr selbst Raum, ist er da. Maria ist die erste Zeugin solcher Gegenwart Jesu: »Ich habe den Herrn gesehen.«

Maria, eine Frau, ist in diesem 20. Kapitel des Johannes-Evangeliums mehrfach die erste. Sie ist die erste am Grab und sieht, daß der Stein entfernt ist. Erst auf ihre Nachricht hin folgt der seltsame Wettlauf zwischen Petrus und »dem anderen Jünger« zum Grab. Aber die Konkurrenz der Männer bleibt ohne positive Folgen. Maria ist die erste, der Jesus begegnet; und sie ist die erste, die ihn bezeugt. Erst danach erscheint er den Jüngern (20,19–23); und deren anschließendes Zeugnis gegenüber dem abwesenden Thomas lautet nicht anders, als es Maria ihnen gegenüber ausgesprochen hat: »Wir haben den Herrn gesehen« (20,25). Schon in dieser Darstellung zeigt es sich, wie unter der Herrschaft dieses einen Herrn patriarchale Herrschaftsansprüche zerbrechen und Geschwisterlichkeit entsteht.

b) Das Abendmahl halten: die Emmaus-Jünger (Lukas 24,13–35)

Das letzte Kapitel des Lukas-Evangeliums erzählt zunächst von der Entdeckung des leeren Grabes durch Frauen (24,1–8). Nachdem sie von den beiden Engeln im Grab die Botschaft von der Auferweckung Jesu gehört haben und an die eigenen Worte Jesu über sein Leiden und Auferstehen erinnert worden sind, gehen sie zurück und verkünden »das alles den Elfen und allen Übrigen« (9). Sie finden aber keinen Glauben, weil die anderen ihre Worte »für dummes Zeug« halten (11). Obwohl Petrus sich davon überzeugt, daß das Grab leer ist, heißt es doch auch von ihm nur: »Und er ging nach Hause und verwunderte sich über das, was geschehen war« (12).

An dieser Stelle setzt die Erzählung neu ein. Sie nimmt zwei Jünger in den Blick, die von Jerusalem nach Emmaus gehen. Einer von ihnen bleibt anonym; der Name des anderen wird in Vers 18 beiläufig mit Kleopas angegeben. Sie haben schon von den Frauen die Osterbotschaft gehört. Aber das hat sie, wie sie selbst dem unerkannt mit ihnen Wandernden erzählen, nur »aus der Fassung gebracht« (22). Bei ihnen selbst ist es noch nicht Ostern geworden. So machen sie sich noch am selben Tag auf und gehen den Weg nach Emmaus. Es ist ein Weg zurück in die alte Wirklichkeit, aus der sie einmal aufgebrochen waren, um Jesus nachzufolgen. Es ist ein Weg enttäuschter Hoffnung. »Wir aber hatten gehofft, er sei es, der Israel erlösen werde« (21). Sie verlassen Jerusalem, weil es der Ort des Scheiterns Jesu geworden war, und gehen nach Emmaus als dem Ort ihrer

Resignation. Ihren Hoffnungen gilt es als Träumen und Illusionen den Abschied zu geben. In der Erinnerung hängen sie ihnen noch nach. Aber es ist nicht mehr ein zuversichtliches Ausschauen nach vorn, sondern nur noch ein trauriger Rückblick, ein Abgesang auf das, was war und unwiederbringlich dahin zu sein scheint (19–21). Emmaus ist die Welt der Realitäten, in der alles seinen gewohnten Gang geht, in der die Sachzwänge herrschen. In Emmaus rechnen sie nicht mehr mit Jesus und seiner Gegenwart; dort werden sie ihre eigenen Rechnungen aufmachen und sich abfinden müssen mit dem Lauf der Dinge, wie er nun einmal ist.

Die Erzählung bestreitet von Ostern her, daß »Emmaus« die ganze Wirklichkeit ist. Sie zeigt das sehr anschaulich: Jesus selbst schließt sich den beiden Jüngern auf dem Weg nach Emmaus als dritter an. »Und es geschah, während sie sich unterhielten und besprachen, da kam Jesus selbst heran und ging mit ihnen« (15). Die Hoffnung, die sie schon begraben hatten, ist in lebendiger Gegenwart bei ihnen. Aber sie merken nichts davon. Ihr auf Emmaus gerichteter Blick ist wie gebannt. »Ihre Augen aber waren gehalten, so daß sie ihn nicht erkannten« (16).

Wie in der Geschichte von Maria aus Magdala weiß auch hier die das Evangelium lesende und hörende Gemeinde von vornherein, wer der mit den beiden Jüngern Wandernde ist. Indem sie liest und hört, was Jesus ihnen gegenüber sagt und tut, bekommt sie selbst Hinweise dafür, wo sie seine Gegenwart wahrnehmen und was ihr zu solcher Wahrnehmung verhelfen kann. Der unerkannte Wanderer, vermeintlich unwissend über das in Jerusalem Geschehene (18), belehrt nun seinerseits die beiden Jünger und weist sie zunächst auf die Schrift hin. Mit dem, was in ihr gesagt ist, verbindet er das Schicksal Jesu (25f). »Und angefangen von Mose und allen Propheten erklärte er ihnen, was in allen Schriften über ihn steht« (27). Das öffnet ihnen noch nicht die Augen. Aber später, als ihnen die Augen geöffnet sind, sagen sie rückblickend: »Brannte nicht unser Herz, als er auf dem Weg mit uns redete, als er uns die Schriften erschloß?« (32)

Wie der vermeintliche Gärtner Maria fragt, warum sie weine, stellt sich hier der Weggenosse, als wolle er weitergehen, als die Jünger sich ihrem Ziel Emmaus nähern (28). Doch sie bitten ihn: »Bleibe bei uns! Denn es geht auf den Abend zu, und der Tag hat sich schon geneigt« (29). Für die das Evangelium lesende und hörende Gemeinde, die weiß, wer hier angesprochen ist, wird diese Bitte zum Gebet. Und diesem Gebet um die bleibende Gegenwart Jesu bei seiner Gemeinde wird darin Erhörung zugesagt, daß der unerkannte Weggenosse der Bitte der beiden Jünger entspricht und bei ihnen bleibt. Wiederum erfolgt dann ein Rollentausch: Der Eingeladene ergreift seinerseits die Initiative und tritt als Gastgeber auf: »Und es geschah, da er mit ihnen zu Tische saß, nahm er das Brot, dankte, brach's und gab's ihnen« (30). Wer in der Gemeinde, in der das Evangelium gelesen und gehört wird, muß da nicht an das Abendmahl denken, bei dem Jesus der Gastgeber ist? Genau an dieser Stelle heißt es nun: »Da wurden ihre Augen geöffnet, und sie erkannten ihn« (31). Das ist der kräftigste Hinweis und die stärkste Hilfe, die diese Geschichte gibt: In der Feier des Abendmahls wird die lebendige Gegenwart Jesu erfahren.

Nachdem die beiden Jünger in ihrem Weggenossen endlich Jesus erkannt haben, wird nun nicht etwa von einer fröhlichen Wiedersehensfeier erzählt, sondern sofort festgestellt: »Und er verschwand vor ihnen« (31). Was wäre auch gewonnen, wenn an dieser Stelle mehr über Jesus erzählt würde? Jetzt brauchen sie ihn nicht mehr zu sehen; jetzt glauben sie ja, daß er nicht mehr bei den Toten ist.

Mit diesem Glauben, daß Jesus von den Toten auferstanden ist, können sie aber auch keinen Augenblick länger in Emmaus bleiben. Daß nach dem vorher abgesteckten zeitlichen Rahmen inzwischen die Nacht hereingebrochen sein muß, spielt dabei keine Rolle. Jetzt müssen sie selber aufstehen und sich in ganz andere Richtung zu einem »Ostermarsch« in Bewegung setzen. »Und sie standen auf zu derselben Stunde und kehrten zurück nach Jerusalem« (33). Ob Jesus nur ein schöner Traum, eine ganz und gar vergangene Erinnerung ist oder aber lebendige und gegenwärtige Wirklichkeit, das zeigt sich für die beiden Jünger in der Richtung, in der sie gehen und denken, nach

Emmaus oder nach Jerusalem. Sie kehren zurück an den Ort ihrer aufgegebenen Hoffnung, zu einem Leben ohne Resignation, das Schritte nach vorn wagen und neue Wege zu gehen bereit sein wird.

Dort sind sie nicht allein, sondern in der Gemeinschaft der übrigen Jüngerinnen und Jünger Jesu. »Und sie fanden die Elf versammelt und die bei ihnen waren; die sagten: Wirklich, der Herr ist auferweckt worden und dem Simon erschienen!« (33f) Sie sind nicht nur auf die eigenen Erfahrungen angewiesen, sondern hören auch das Zeugnis der anderen, das ihren Glauben stützt. Sie ihrerseits bringen ihr Zeugnis ein: »Auch sie erzählten, was auf dem Weg geschehen war und wie er von ihnen erkannt worden war am Brechen des Brotes« (35).

Die Geschichten vom Zusammentreffen des auferweckten Jesus mit Maria aus Magdala und den beiden Jüngern auf dem Weg nach Emmaus erzählen diese Begegnungen zunächst im Rahmen des menschlich Üblichen, solange Maria und die Jünger nicht wissen, daß es Jesus ist, der da zu ihnen kommt. Maria trifft auf einen Mann am Gartengrab und meint, er sei der Gärtner. Den beiden Jüngern schließt sich einer an, und sie halten ihn für einen Weggenossen, der zufällig denselben Weg gehen will. Sobald sie ihn aber erkannt haben, entzieht er sich ihnen. Der auferweckte Jesus ist zwar kein anderer als der irdische, aber er begegnet anders. Seine Gegenwart ist offenbar und geheimnisvoll zugleich. Wo die Gemeinde, die diese Geschichten liest und hört, auf sie hoffen kann, dafür gibt es in ihnen deutliche Fingerzeige: Wo sie in Geschwisterlichkeit das Liebesgebot befolgt (Johannes 20,17), wo sie in der Schrift liest und auf sie hört (Lukas 24,27.32), wo sie betet: »Bleibe bei uns, Herr!« (Lukas 24,29), wo sie das Brot bricht und damit das Notwendige teilt (Lukas 24,30.35), da darf sie in erster Linie Jesus als Lebendigen gewärtigen. Diese Geschichten zeigen aber zugleich auch, daß die Gegenwart Jesu nicht durch solches Handeln der Gemeinde hergestellt wird; sie ist seine Tat und erfolgt gerade auch da, wo sie nicht erwartet wird.

3. Die Betonung der Tatsächlichkeit der leiblichen Auferwekkung Jesu

Der Verfasser des Lukas-Evangeliums schließt sein Werk nicht mit der Erzählung von den Emmausjüngern ab. Er begnügt sich auch nicht damit, noch Geschichten hinzuzufügen, die abschließend von der Entrückung Jesu (24,50–53) und vorher von einer Erscheinung vor allen Jüngern (24,44–49) erzählen. Letztere enthält außer einer Belehrung über die Schrift, die dazu beitragen soll, das Schicksal Jesu zu verstehen, eine Beauftragung der Jünger als seiner Zeugen. Die Erscheinung vor allen Jüngern hat aber noch einen eigenständigen ersten Teil (24,36–43). Wenn der Evangelist diese gegenüber der Emmauserzählung so andersartige Erscheinungsgeschichte in den Zusammenhang des Schlußkapitels einschiebt, dann muß ihm an ihr liegen, dann will er noch einen anderen Aspekt betonen.

Zunächst tritt hier Jesus ebenso unvermittelt auf, wie er plötzlich zu Beginn des Mahls in Emmaus verschwunden war: »Während sie das aber erzählten, trat er selbst in ihre Mitte und sagte zu ihnen: Friede sei mit euch!« (36) An der dann erzählten Reaktion der Jünger wird jedoch schon deutlich, worauf diese Geschichte bezogen ist und welche Intention mit ihr verfolgt werden soll: »Erschrocken und in Furcht geraten wähnten sie, einen Geist zu schauen« (37). Diese Meinung, daß es sich bei den Erscheinungen nach Jesu Tod lediglich um die Wahrnehmung eines Geistes, gar nur eines Gespenstes, gehandelt habe, ist auch im Blick, wenn Jesus anschließend von Erwägungen, Bedenken oder Zweifeln spricht: »Was seid ihr bestürzt, und warum steigen Bedenken in eurem Herzen auf?« (38) Gegenüber einer solchen Front will die Geschichte herausstellen und deutlich machen, daß es wirklich und leibhaftig Jesus ist, auf den sich das Zeugnis von der Auferwekkung bezieht, daß er daher seinen Jüngern auch wirklich und leibhaftig erschien, daß also der Auferweckte mit dem Irdischen identisch ist.

Daß es um diese Identität geht, hebt sofort Jesu weiteres Reden hervor: »Seht meine Hände und Füße: Ich selbst bin's« (39a). Man könnte die letzte Wendung auch übersetzen: »Ich bin's wirklich.« Anders als im Johannes-Evangelium, das unter diesem Aspekt schon besprochen wurde, sind hier beim Vorzeigen der Hände und Füße nicht die Wundmale Jesu im Blick. Dort wurde auf die Identität des Auferweckten mit dem Gekreuzigten Wert gelegt, die bleibende Geltung des Kreuzes Jesu herausgestellt. So zeigt der seinen Jüngern erscheinende Jesus nach Johannes 20,20 außer den Händen auch seine Seite, was sich nur auf den 19,34 erwähnten Lanzenstich beziehen kann; und in der Geschichte der Erscheinung vor Thomas werden die Wundmale ausdrücklich genannt (20,25; vgl. Vers 27). Das ist im Lukas-Evangelium nicht der Fall. Hände und Füße gelten hier vielmehr als die unmittelbar vorweisbaren Glieder, an denen die knöcherne Leibhaftigkeit überprüft werden kann. Dem entspricht der Fortgang der Erzählung sowohl in dem, was Jesus sagt, als auch darin, was danach als Geschehen berichtet wird: »Faßt mich an und seht! Ein Geist hat ja weder Fleisch noch Knochen, wie ihr's an mir schaut. Und als er das gesagt hatte, zeigte er ihnen seine Hände und Füße« (39b.40).

In einem zweiten Schritt wird diese Absicht der Erzählung, zu zeigen, daß es sich nicht um eine bloße Geisterscheinung handelt, massiv verstärkt. Zunächst heißt es, daß die Jünger immer noch in ungläubigem Staunen verharren, allerdings »vor Freude« (41a). Soll diese etwas rätselhafte Angabe auf freudig erregte Fassungslosigkeit hinweisen, die nicht wahrhaben will, was doch so klar vor Augen liegt, weil es zu schön wäre, um wahr zu sein? Jedenfalls wird die Demonstration der Hände und Füße mit Fleisch und Knochen noch überboten, indem Jesus seine Jünger fragt: »Habt ihr etwas Eßbares hier? Sie aber gaben ihm ein Stück gebratenen Fisch. Und er nahm es und aß vor ihnen« (41b–43). Hier verhält es sich ganz anders als in der vorangehenden Emmauserzählung. Dort verschwindet Jesus in dem Augenblick, als er die Mahlzeit eingeleitet hat und das Essen beginnen könnte. Hier ißt er seinen Jüngern etwas vor. Einige Handschriften und alte Übersetzungen fügen sekundär hinzu, daß er ihnen »die Überbleibsel« gegeben habe. Selbst danach ißt er aber nicht mit ihnen zusammen. Von einem gemeinsamen Essen wird nur Apostelgeschichte 10,41 ausdrücklich gesprochen; in Johannes 21,9–15 ist es vielleicht vorausgesetzt. Was jedoch in Lukas 24,41–43 erzählt wird, muß als ein Demonstrationsessen bezeichnet werden.

Schießt diese Darstellung nicht über ihr Ziel hinaus? In der rabbinischen Diskussion über Ezechiel 37 hatten Eliezer, der Sohn des Rabbi Jose des Galiläers, und Jehuda ben Bathyra im Gegenschlag gegen ein bloß übertragenes Verständnis auf der Tatsächlichkeit des im biblischen Text Ausgesagten bestanden. Dabei kann die Dimension des Gleichnisses verlorengehen und Auferstehung als bloße Fortsetzung des irdischen Lebens erscheinen. Entsprechend wäre angesichts des massiven Pochens auf die Tatsächlichkeit der leiblichen Auferweckung Jesu in Lukas 24,36–43 mit Fleisch und Knochen und demonstrativem Essen zu fragen, ob hier nicht Jesus unter den Bedingungen des irdischen Lebens stehend dargestellt wird, unter den Bedingungen eines Lebens, das den Tod noch vor sich hat. Paulus hält in 1. Korinther 15 im Blick auf die Auferstehung der Toten mit aller Entschiedenheit und großem Nachdruck an der Leiblichkeit fest, spricht aber vom Auferstehungsleib doch als von einem »geistigen Leib« (44). Er sagt zwar nichts über die Art und Weise, in der ihm der Auferweckte begegnet ist. Die Stelle 1. Korinther 15,35–44, an der er über den Auferstehungsleib nachdenkt, bietet dazu jedoch einen authentischen Kommentar. Danach ist es ausgeschlossen, daß er Jesus so gesehen hat, wie dieser Lukas 24,36–43 vorgestellt ist. Um es mit einem Anachronismus zugespitzt zu sagen: Der Jesus der Emmauserzählung, der sich im Augenblick des Erkennens entzieht, wäre nicht zu fotografieren gewesen, der Jesus der folgenden Geschichte sehr wohl. Diese Geschichte wäre also einmal in ihrer positiven Intention aufzunehmen, daß der Auferweckte mit dem Irdischen identisch ist, und zum anderen zusammen mit der Emmauserzählung zu lesen und von daher in ihren massiven Darstellungsmitteln zu relativieren. Diese Art der Darstellung bedeutet für den Glauben an den auferweckten Jesus keinen Gewißheitsgewinn. Wie es zur Gewißheit kommt, ist das wesentliche Thema einer weiteren Erscheinungsgeschichte, die unter einem anderen Gesichtspunkt schon besprochen wurde.

Christlicher Glaube lebt davon, daß Jesus von den Toten auferweckt ist. Aber woher weiß er das? Wie kommt es zur Gewißheit? Dazu soll noch einmal auf die Geschichte von der Erscheinung Jesu vor Thomas eingegangen werden (Johannes 20,24–29). Sie ist die vierte und letzte Ostergeschichte des Kapitels Johannes 20, mit dem das Evangelium einmal abgeschlossen hat, bevor ihm mit Kapitel 21 ein zweiter Schluß gegeben wurde. Daß das eine wahrscheinliche Annahme ist, dafür spricht einmal, daß die in 21,24f Sprechenden sich ausdrücklich vom Verfasser des Evangeliums unterscheiden, und zum anderen, daß in 20,30f ein regelrechter Buchschluß vorliegt. Der Evangelist hatte in Kapitel 20 zunächst von der Entdeckung des leeren Grabes erzählt und dem Wettlauf der beiden Jünger zum Grab (1–10), danach von der Begegnung Jesu mit Maria aus Magdala (11–18) und schließlich von seiner Erscheinung vor allen Jüngern, denen er den heiligen Geist schenkt und die er sendet (19–23). Damit könnte das Evangelium eindrucksvoll abgeschlossen sein. Schlössen sich die Verse 30 und 31 unmittelbar hier an, würde niemand etwas vermissen. Die Erzählung von der Erscheinung vor allen Jüngern ist in sich abgeschlossen und auf keinerlei Fortsetzung hin angelegt. Wenn der Evangelist dann dennoch die Thomasgeschichte bringt, muß ihm an ihr besonders liegen. Sie setzt die vorangehende Erzählung voraus und hinge ohne sie in der Luft. Sie ist deshalb als eine relativ späte Bildung anzusehen, die vielleicht vom Evangelisten selbst formuliert worden ist. Das zeigt aber zugleich, daß er an ihr ein vorrangiges Interesse hat. Welches? Warum bietet er auch noch diese Geschichte?

Zum einen – das ist schon gezeigt worden – will er noch einmal betont die Identität des Auferweckten mit dem Gekreuzigten herausstellen. Er tut es durch die Hervorhebung der Wundmale Jesu. Der andere Aspekt, an dem ihm hier liegt, ist der der Glaubensgewißheit. Daß es gerade auch um diesen Aspekt geht, wird schon an der Häufung der Ostergeschichten deutlich; und er zeigt sich ausdrücklich am Beginn der letzten, wenn es von Thomas heißt, daß er bei der zuvor berichteten Erscheinung Jesu nicht zugegen war und daß er dem Zeugnis der anderen Jünger: »Wir haben den Herrn gesehen« keinen Glauben schenkt (24f). Thomas, der die Erscheinung Jesu nicht miterlebt hat, ist damit in dieser Hinsicht in derselben Situation wie die Menschen in der Gemeinde des Evangelisten. Er kennt – zunächst jedenfalls – wie sie ausschließlich das Zeugnis anderer. Er weiß nur vom Hörensagen davon, daß Jesus lebt und kein ein für allemal Gescheiterter, kein Toter ist. Und da erhebt sich Zweifel. In der Gestalt des Thomas bringt der Evangelist den Zweifel zur Sprache, dem er in seiner Gemeinde und ihrem Umfeld begegnet. Solcher Zweifel steht auch hinter der Frage des Jüngers Judas (nicht des Iskariot), die er in 14,22 an Jesus richtet: »Herr, was hat es damit auf sich, daß du dich uns offenbaren willst und nicht der Welt?« Die Kreuzigung Jesu ist eine feststehende historische Tatsache, seine Auferweckung dagegen nur ein Gerücht, weil einige seiner Anhänger behaupten, nach seinem Tod eine Erscheinung Jesu gehabt zu haben. Solcher Art Zweifel gibt der Evangelist Ausdruck in der Gestalt des Jüngers Thomas, der nicht dabei war, als Jesus den anderen Jüngern erschien.

Wie er die Überwindung des Zweifels schildert, ist sehr bemerkenswert. Zunächst sei festgehalten, daß er die anderen Jünger den zweifelnden Thomas nicht bestürmen läßt. »Glaube, der sich durch den Zweifel des anderen an seine eigene Wundheit, an das Stück Unehrlichkeit und menschlicher Anstrengung in ihm selbst erinnert weiß, solch Glaube wird gegen den Zweifel ausziehen mit Büchse und Saufeder, so als ob es auf die Wildschweinjagd ginge« (E. Hirsch). Nein, die anderen Jünger gehen gegenüber Thomas nicht auf solche Wildschweinjagd. Ihre Sache ist allein das Zeugnis, sonst nichts. Wie es Sache der Maria war, ihnen zu bezeugen: »Ich habe den Herrn gesehen« (18), so ist dasselbe Zeugnis nun ihre Sache gegenüber Thomas: »Wir haben den Herrn gesehen« (25). Und es ist ganz und gar nicht ihre Sache, Thomas mit Bekehrungseifer zu bedrängen oder ihn gar hinauszuwerfen. Sie behalten ihn in ihrer Gemeinschaft. »Und nach acht Tagen waren seine Jünger wiederum drinnen und Thomas bei ihnen« (26). Mit der Zeitangabe »nach acht Tagen« – Bezugspunkt ist der

Ostertag – erfolgt hier nebenbei wiederum ein Fingerzeig darauf, wo die Gegenwart Jesu erwartet werden darf: in der gottesdienstlich versammelten Gemeinde. Dort ist Thomas mit den anderen Jüngern zusammen. Aber Glauben zu schaffen und den Zweifel zu überwinden, ist weder ihre Sache noch seine. Das ist nach dieser Geschichte allein die Sache Jesu selbst. So macht sie davon frei, den Glauben als schwer errungene eigene Leistung zu verstehen und den Zweifel durch krampfhafte Anstrengung überwinden zu wollen. Sie macht dazu frei, mit Zweifeln in der Gemeinde zu bleiben, ja mit Zweifeln glauben zu dürfen.

Glauben zu schaffen, ist also die Sache Jesu selbst. Aber in dieser Geschichte tut er es so, daß er dem Thomas erscheint, wie er vorher den anderen Jüngern erschienen ist. Und das ist eine Möglichkeit, die den Leserinnen und Lesern, den Hörerinnen und Hörern des Evangeliums, die sich gerade noch mit Thomas identifizieren konnten, nicht mehr eingeräumt wird. Auf sie bezieht sich deshalb das letzte Wort Jesu im ursprünglichen Johannes-Evangelium, das zunächst Thomas anredet, dann aber die vorgestellte Situation weit überschreitet: »Weil du mich gesehen hast, hast du geglaubt. Glücklich zu preisen sind die, die nicht gesehen haben und doch zum Glauben kommen!« (29) In dieser abschließenden Seligpreisung hat der Evangelist die Menschen seiner Gemeinde im Blick, die jenseits der Zeit der Jünger Jesu und deren Ostererfahrung leben.

Das Motiv des »Sehens« begegnet immer wieder im Johannes-Evangelium. Die Forderung nach einem »Zeichen, damit wir sehen und dir glauben« (6,30), beantwortet Jesus mit dem Verweis auf seine Person: »Ihr habt mich gesehen, und ihr glaubt doch nicht« (6,36). Es gibt nicht mehr zu sehen, als was schon gesehen worden ist: Jesus selbst. Die Entscheidung des Glaubens ist gefragt angesichts der Person Jesu und ihres Geschickes. Alle Zeichen, die er gewiß auch vollbringt, weisen letztlich immer wieder auf ihn, der die Sache selbst ist. Die Entscheidung spitzt sich zu angesichts des gekreuzigten Jesus. So fragt Jesus in 6,61f die Jünger, die über seinen Anspruch murren, er sei das Brot des Lebens: »Daran nehmt ihr Anstoß? Wenn ihr nun den Menschensohn hinaufsteigen seht, wo er vorher war?« Wenn das als *der* Punkt gilt, der Anstoß provoziert, dann ist es klar, daß es hier nicht um einen offenbaren Aufstieg in Herrlichkeit gehen kann. Was die Jünger vielmehr *sehen* werden, ist die Kreuzigung Jesu. Daß aber gerade hier Gott auf den Plan tritt, bringt die Redeweise vom Aufstieg des Menschensohnes dahin, wo er vorher war, zum Ausdruck. Sie kennzeichnet die österliche Dimension der Kreuzigung und von daher die Überwindung des Anstoßes. Entsprechend sagt der ans Kreuz gehende Jesus in den Abschiedsreden: »Wenn ihr mich erkannt habt, werdet ihr auch meinen Vater erkennen. Und von jetzt an erkennt ihr ihn und habt ihr ihn gesehen ... Wer mich gesehen hat, hat den Vater gesehen« (14,7.9; vgl. 12,45). Der Bezug auf die Passion ist durch die Wendung »von jetzt an« ausdrücklich sichergestellt. Nur von Ostern her kann der im Leiden und Kreuz Jesu gegenwärtige Gott wahrgenommen werden. Vom Osterzeugnis her wird – der vierte Evangelist tut das besonders ausgeprägt und konsequent – schon der vorösterliche Jesus, gerade auch in seiner Passion, in österlichem Licht gesehen. Nur aufgrund des Glaubens an die Auferweckung Jesu ist es möglich, schon seine Kreuzigung als Erhöhung und Verherrlichung darzustellen. Deshalb kann der Evangelist auch nicht auf Ostergeschichten verzichten. Er bringt sie ja auch in reichem Maß. Wenn Jesus gegenüber Thomas feststellt, daß er aufgrund des Sehens zum Glauben gekommen sei, und wenn er anschließend diejenigen Glaubenden glücklich preist, die nicht gesehen haben, schließt das ja nicht umgekehrt einen Weheruf über diejenigen ein, die gesehen haben. Und so bedeuten diese Feststellung und diese Seligpreisung auch keine Kritik an den Ostergeschichten, als dürfte es diese eigentlich gar nicht geben. Sie sind nur insofern kritisch gegenüber Thomas, als er sich mit dem Zeugnis der anderen Jünger: »Wir haben den Herrn gesehen« hätte begnügen können und sollen, aber sie machen dieses Zeugnis und die es enthaltenden Geschichten nicht überflüssig. Diese Geschichten geben Fingerzeige auf die gewiß machende Gegenwart Jesu, und sie vermitteln die Zuversicht, daß er dem Glauben schon Gewißheit geben wird, wie er es selbst ja war, der den Zweifel des Thomas überwand, der sich dem Rückzug der

Emmausjünger und der Maria aus Magdala entgegenstellte und ihn wendete. Auf das Zeugnis dieser Geschichten sind und bleiben die späteren Glaubenden angewiesen. Daß der Gekreuzigte lebt, dafür haben sie nichts sonst in der Hand als das Zeugnis des Neuen Testaments, wie es etwa der vierte Evangelist mit seinem Evangelium zu geben versucht, mit dem er seine Leser- und Hörerschaft einstimmen lassen will in das Bekenntnis des Thomas gegenüber dem durch seine Wundmale gekennzeichneten auferweckten Jesus: »Mein Herr und mein Gott« (28). Dieses Bekenntnis wird von selbst zum Protest gegen die Vergötzung der Macht, wenn Kaiser Domitian sich anreden läßt: »Unser Herr und Gott«.

5. Anmerkungen

Die Erscheinungsgeschichten sind Zeugnisse, die zum Glauben daran einladen wollen, daß Gott Jesus von den Toten auferweckt hat. Es sind Geschichten, die selbst schon von diesem Glauben herkommen. Sie bieten keine handfesten »Beweise« außerhalb des Glaubens und erzählen auch nicht von Jesus als einem »Gott zum Anfassen«. Gelegentlich könnte es so scheinen, daß der Verfasser von Lukas-Evangelium und Apostelgeschichte zu einer solchen Vorstellung hinneige (Lukas 24,36–43; vgl. Apostelgeschichte 1,3f; 10,41). Doch war deutlich geworden, daß es ihm dabei um die Identität des Auferweckten mit dem Irdischen geht, er sich dazu aber nicht ganz unproblematischer Mittel bedient. Die übrigen Geschichten legen es ohnehin nicht nahe, als wäre die Gegenwart Gottes im erscheinenden Jesus so vorzustellen, daß man sich davon handgreiflich überzeugen könnte. In der Thomaserzählung (Johannes 20,24–29) findet sich zwar der Wunsch des Jüngers, die Wundmale Jesu zu berühren; und er wird auch von Jesus, als er ihm begegnet, aufgefordert, es zu tun. Aber es ist sicherlich kein Zufall, daß eine Ausführung dieses Tuns dann nicht erzählt, sondern statt dessen sofort das Bekenntnis des Thomas berichtet wird. In den Erzählungen über die Emmausjünger und Maria aus Magdala wird Jesus zunächst nicht einmal erkannt; und nachdem er erkannt ist, entzieht er sich. Bei der Erscheinung Jesu vor den elf Jüngern am Schluß des Matthäus-Evangeliums heißt es, daß »einige zweifelten« (28,17). Die Überwindung ihres Zweifels wird vom Evangelisten im folgenden nicht eigens zum Thema gemacht und nicht vermerkt, wohl aber angesichts der letzten Worte Jesu vorausgesetzt. In der Regel wird so erzählt, daß die Erfahrungen von Erscheinungen des auferweckten Jesus für die beteiligten Menschen überführend waren. So wird es für die tatsächlich Betroffenen auch gewesen sein. Direkt wissen wir es nur von Paulus. Aber ihr Reden darüber und erst recht das Erzählen dieser Geschichten ist ambivalent. Als Zeugnis ist es Einladung zum Glauben. Aber außerhalb des Glaubens, wo nach »Beweisen« gefragt wird, kann es dann auch zu bissiger Kritik kommen. So äußert sich schon Kelsos in der zweiten Hälfte des zweiten Jahrhunderts, der älteste uns literarisch überlieferte Bestreiter des Christentums:

> Wenn Jesus wirklich göttliche Macht offenbaren wollte, hätte er gerade denen, die ihn mißhandelt hatten, und dem, der ihn verurteilt hatte, und überhaupt allen erscheinen müssen ... Er fürchtete doch wohl nicht mehr irgendeinen Menschen, nachdem er gestorben und, wie ihr behauptet, Gott war; er ist auch durchaus nicht dazu in die Welt geschickt worden, damit er verborgen bliebe ... Als ihm bei seinem leibhaftigen Auftreten nicht geglaubt wurde, verkündigte er maßlos allen; als er aber, nachdem er von den Toten auferstanden war, einen starken Glauben hervorgerufen hätte, erschien er nur einem einzigen Weibsbild und seinen Vereinsgenossen heimlich und nebenbei ... Als Bestrafter zeigte er sich also allen, als Auferstandener aber nur einer Person, wo doch das Gegenteil hätte der Fall sein müssen (bei Origenes, Contra Celsum II 63.67.70).

> Ganz ähnlich hat Jahrhunderte später Reimarus argumentiert, der von Lessing mit einigen »Fragmenten« herausgegebene »Ungenannte«: Leiden und sterben können auch andere Menschen, aber vom Tode können sie nicht wieder aufstehen. Warum lässet er denn jenes alle Welt sehen, dieses aber nicht? ... Hätte er sich doch nur ein einziges Mal nach seiner Auferstehung, im Tempel vor dem Volke und vor dem Hohen Rat zu Jerusalem, sichtbar, hörbar, tastbar gemacht: so konnte es nicht fehlen, die ganze jüdische Nation hätte an ihn geglaubt ... Gewiß, wenn wir auch keinen weiteren Anstoß bei der

Auferstehung Jesu hätten, so wäre dieser einzige, daß er sich nicht öffentlich sehen lassen, allein genug, alle Glaubwürdigkeit davon über den Haufen zu werfen (Gotthold Ephraim Lessing: Ein Mehreres aus den Papieren des Ungenannten, die Offenbarung betreffend. Fünftes Fragment: Über die Auferstehungsgeschichte, in: Ders.: Gesammelte Werke VII, Berlin 1956 (778–812), 811f; vgl. 785f).

Beweise, wie sie Kelsos und Reimarus fordern, bieten die Erscheinungsgeschichten der Evangelien nicht. Sie wollen bezeugen, daß Jesus von den Toten auferweckt worden ist. Das ist das eine »Faktum«, auf das sie bezogen sind, von dem sie herkommen und auf das sie hinweisen. Was der Seher Johannes in seiner Vision von Jesus Christus nach Offenbarung 1,18 gesagt bekommt: »Ich war tot, und siehe, ich bin lebendig«, »darin besteht die sachliche Übereinstimmung und die gleiche Meinung *aller* dieser – sehr, sehr sagenhaften! – Berichte. Und das ist es, was diese *Sagen* uns zu sagen – einfach zu *sagen* haben!« (K. Barth) »Historische Fakten« enthalten sie nicht. In dieser Hinsicht liegt ihnen nur der Tatbestand zugrunde, daß es Erscheinungen gegeben hat. Die konkret erzählten Erscheinungen lassen sich jedoch nicht historisch identifizieren. Mit ihrer Hilfe einen historischen Geschehensablauf zu rekonstruieren, wäre ein kühnes Unterfangen, das über Vermutungen nicht hinauskäme. Mit kritischer Vorsicht läßt sich allenfalls wahrscheinlich machen, daß Anhängerinnen Jesu auch historisch mit seinem Grab in einer Verbindung gestanden haben müssen. Aber schon der mögliche weitere Schluß, Maria aus Magdala sei die erste gewesen, die eine Erscheinung des auferweckten Jesus gehabt habe, bleibt im Bereich des bloß Hypothetischen. Ebenso ist die Sicherheit, mit der in der Forschung weithin Galiläa als Ort der ersten oder auch aller Erscheinungen angegeben wird, überhaupt nicht gerechtfertigt. Als stärkstes Argument gelten die Stellen Markus 14,28 und 16,7, nach denen Jesus den Jüngern nach Galiläa vorangeht und sie ihn sehen werden. Wenn es sich aber hier gar nicht – wie oben angenommen – um die Ankündigung von Erscheinungen handelt? Aber selbst wenn das doch zuträfe, wären diese Stellen dann weniger redaktionell als die Verortung der Erscheinungen in und bei Jerusalem durch den Verfasser des Lukas-Evangeliums und der Apostelgeschichte? Für die historische Rückfrage bleibt hier fast alles im Dunkel.

Aber eine solche Fragestellung wird diesen Texten auch nicht gerecht; sie spürt dem gerade nicht nach, was sie selbst aussagen wollen. Was dabei herauskommt, wenn man die Ostergeschichten der Evangelien in allen ihren Angaben historisch liest, hat mit zwingender Logik bereits Reimarus in dem oben genannten Fragment demonstriert. Auf diesem Feld gibt es kein Entrinnen, sondern nur heillose Verstrickung in unauflösliche Widersprüche. Wie es da erzählt wird, kann es historisch nicht gewesen sein. Reimarus hat daraus geschlossen, die Jünger hätten den Leichnam Jesu gestohlen und versteckt, die Botschaft von seiner Auferweckung erfunden und sich dabei nicht genau genug verabredet, was sie sagen sollten. Da habe der eine dies und der andere das erzählt, und so sei es zu den widersprüchlichen Geschichten gekommen.

Was diese Texte aber wirklich sagen wollen, nimmt Reimarus auf diese Weise nicht wahr. Die Evangelisten und andere Erzähler vor ihnen haben sich, selbst im wahrsten Sinn des Wortes be-geist-ert von der lebendigen Gegenwart Jesu, nicht gescheut, mit kreativer Phantasie das Zeugnis der ersten Zeugen, das diese aufgrund ihnen widerfahrener Erscheinungen Jesu aussprachen, in Geschichten umzusetzen. In ihnen erscheint Jesus nun auch ihrer Leser- und Hörerschaft als von den Toten Auferweckter. Die Phantasie der Erzähler und die unterschiedlichen Situationen der Leserinnen und Leser und Hörerinnen und Hörer, in die hinein jeweils erzählt wird, bedingen das, was – mit der historischen Meßlatte gemessen – als widersprüchlich bezeichnet werden muß. Die Ostergeschichten sind eben – das sei noch einmal betont – Geschichten. Und sie sind darin wahre Geschichten und wirkliche Gleichnisse, daß sie Zeugnis ablegen für die Auferweckung Jesu und seine lebendige Gegenwart, daß sie Fingerzeige dafür geben, die Spuren seiner Gegenwart wahrzunehmen und ihnen zu folgen.

VI. Schluß: Ezechiel 37 und die Auferweckung Jesu

»Gott hat Jesus von den Toten auferweckt.« Dieser Glaubenssatz steht nicht nur zeitlich am Anfang des Urchristentums, sondern er bestimmt auch grundlegend seine Schriften. »Der Satz gilt gerade in seinem einfältigen Sinn und so und nicht anders ist er der Zentralsatz des ganzen neutestamentlichen Zeugnisses« (K. Barth). Es ist hier versucht worden, sich dem Verstehen dieses Satzes vor allem mit Hilfe einer rabbinischen Diskussion über Ezechiel 37 zu nähern. Sie stellte die Kategorie des »wirklichen Gleichnisses«, der »wahren Geschichte« zur Verfügung. Ebenfalls aus der jüdischen Tradition, aus Texten, die das Aufkommen der Auferstehungsvorstellung im Judentum belegen, wurde die Kategorie des Protestes gewonnen. Auch sie erwies sich als hilfreich für das Verstehen der Aussage von der Auferweckung Jesu. Beide Kategorien, die des Protestes und des wirklichen Gleichnisses, stehen in einem sachlichen Zusammenhang miteinander. Protest enthält schon Wirklichkeit; er ist wirklich in seiner Widerständigkeit, gewinnt Wirklichkeit in dem, worin er sich positiv behauptet. Zugleich weist er über das hinaus, dem er widerspricht und widersteht; er weist damit auch über sich selbst hinaus auf das hin, was er bezeugt, und wird so zum Gleichnis. Als Protest Gottes ist die Auferweckung Jesu in außerordentlicher Weise ein wirkliches Gleichnis. Das Zeugnis von der Auferweckung Jesu widerspricht denen, die ihn mit brutaler und legaler Gewalt aus dem Weg geräumt haben. Es hält als wirklich fest, daß Gott den Tod Jesu ein für allemal überwunden, und es sagt zugleich, daß er damit allem Tod widersprochen hat. Dieses Zeugnis ergeht aber in einer Welt noch immer erfahrenen Todes und im Widerspruch gegen sie. Damit weist es über sich selbst hinaus, bis »als letzter Feind der Tod abgetan ist«, »damit Gott alles in allem sei« (1. Korinther 15,26.28).

Gleichnis und Protest kommen auch an der Stelle des Neuen Testaments zusammen, an der der Bezug auf Ezechiel 37 am stärksten ist. Es handelt sich um Matthäus 27,51–53. In Vers 50 hatte der Evangelist den Tod Jesu am Kreuz festgestellt. Schon im Markus-Evangelium war damit das Zeichen verbunden, daß der Vorhang im Tempel zerriß (15,38). Das Zerreißen des Vorhangs bedeutet die Profanierung des Tempels und ist deshalb als Vorzeichen seiner Zerstörung zu verstehen. Josephus führt in seinem »Jüdischen Krieg« eine ganze Reihe solcher Vorzeichen an, die die künftige Zerstörung des Tempels hätten erkennen lassen können (6,288–309). Das Zeichen vom Zerreißen des Tempelvorhangs übernimmt also der Verfasser des Matthäus-Evangeliums in Vers 51a aus dem Markus-Evangelium, fügt dann aber in den Versen 51b-53 viel weitergehende Ausführungen hinzu:

> Und die Erde erbebte, und die Felsen wurden gespalten und die Gräber geöffnet, und viele Leiber der entschlafenen Heiligen wurden auferweckt; und nachdem sie nach seiner Auferweckung aus den Gräbern herausgekommen waren, gingen sie in die heilige Stadt und zeigten sich vielen.

Mit der Schilderung am Anfang dieses Textes knüpft der Evangelist an Motive von Ezechiel 37 an. Schlägt man den hebräischen Text nach und versteht ihn in seinem Zusammenhang, ist dort von einem Erdbeben allerdings nicht die Rede. Ezechiel 37,7 lautet: »Und ich prophezeite, wie mir geboten war, und siehe, ein Geräusch, als ich prophezeite, und siehe, ein Lärm, und die Knochen rückten aneinander, ein Knochen zu seinem Knochen.« Das hier mit »Lärm« zu übersetzende hebräische Wort hat allerdings auch die Bedeutung »Erdbeben«. So wird es in der griechischen Bibel übersetzt, und so wird es in alten jüdischen Auslegungen verstanden. Die Formulierungen im Matthäus-Evangelium vom Erbeben der Erde, vom Gespaltenwerden der Felsen und Geöffnetwerden der Gräber erinnern unmittelbar an die Darstellung von Ezechiel 37 auf der Wandmalerei in der Synagoge von Dura Europos aus der Mitte des dritten Jahrhunderts n. Chr., die ihrerseits auf einer jüdischen Auslegungstradition gründet. Das Erdbeben wird dort durch ein umgestürztes Haus symbolisiert; ein felsiger, hoher Berg ist bis in seine Tiefe hinein gespalten. Durch diesen Spalt wird der Weg frei zu den Grabkammern der Toten. Vom Öffnen der Gräber und Herausführen der Toten spricht Ezechiel 37 ausdrücklich in den Versen 12 und 13. Alle Motive von Matthäus 27,51f lassen sich also in der Auslegungstradition von Ezechiel 37 wiederfinden, wie sie in der Wandmalerei von Dura Europos Gestalt gewonnen hat. Das Erdbeben hat die Funktion, die Felsen zu spalten und die Gräber zu öffnen. Zugleich ist es Zeichen des endzeitlichen Erscheinens Gottes; er ist es, der hier handelt. Mit den »vielen Leibern der entschlafenen Heiligen« dürfte der Evangelist gewaltsam umgekommene Propheten und Gerechte meinen (vgl. 23,29.35). Damit kann er sich auf Ezechiel 37,9 beziehen, wo die Toten als »die Erschlagenen« bezeichnet werden. Er läßt also in seiner Darstellung beim Tode Jesu die Erde erbeben, Felsen gespalten, Gräber geöffnet und gewaltsam Umgekommene auferweckt werden. Aber deren Herauskommen aus den Gräbern und Hineingehen nach Jerusalem verbindet er nach Vers 53 erst mit der Auferweckung Jesu. Was in der Zwischenzeit und was danach mit diesen auferweckten Toten geschah, interessiert nicht. Ihre Erwähnung hat eine Funktion auf der literarischen Ebene des Evangeliums. Sie bindet Tod und Auferweckung Jesu als ein zusammengehöriges Ereignis zusammen und kennzeichnet es als Endzeitgeschehen. Mit der Hinrichtung Jesu sind die Akten über ihn nicht geschlossen. Vielmehr bricht sich die messianische Zeit mitten in der alten Weltzeit Bahn. Mit den Gräbern der Erschlagenen wird die Weltgeschichte geöffnet, die über Leichen gegangen ist. Dem Unrecht des faktischen Geschichtsverlaufs wird der Triumph des Endgültigen bestritten und so unterdrückten Hoffnungen Raum und Zeit gegeben.

Daß sich bei dem Versuch, dem neutestamentlichen Zeugnis von der Auferweckung Jesu nachzudenken, jüdische Texte als hilfreich erwiesen haben, ist gewiß nicht zufällig, da ja das Neue Testament selbst tief im Judentum verwurzelt ist. Doch kann es nicht darum gehen, jüdische Texte für christliches Verstehen zu funktionalisieren und so zu vernutzen. Sie haben und behalten ihr eigenes Recht und sprechen für sich selbst.

Die Christenheit hat das nicht zuletzt auch deshalb zu akzeptieren, weil der Bund Gottes mit seinem Volk ein ungekündigter Bund ist. Gerade auch das ist eine Dimension des Glaubens an die Auferweckung Jesu, daß sie ihm als Siegel auf die Verheißungen des Bundes Gottes mit seinem Volk und auf die Hineinnahme der Völker in diese Verheißungsgeschichte gilt. Paulus hat das in großer Klarheit und Bestimmtheit in Römer 15,7–13 ausgeführt. Er mahnt dort die römischen Christen, einander anzunehmen, »wie auch Christus euch angenommen hat zum Ruhme Gottes« (7). Das Annehmen hat hier den besonderen Akzent von Aufnahme in die Gemeinschaft. Die Aufnahme in gegenseitige Gemeinschaft, die die römischen Christen tätigen sollen – nach dem vorangehenden hat Paulus das Gegenüber von »Starken« und »Schwachen« als judenchristlich-heidenchristlich geprägte Kontroverse im Blick –, hat darin ihren Grund, daß Christus, der gekreuzigte und auferweckte Jesus, beide in seine Gemeinschaft aufgenommen hat. Er hat das getan »zum Ruhme Gottes«, dessen Wege darin ihr Ziel finden. Dieser Grund gegenseitiger Annahme in der Annahme durch Christus wird in den Versen 8 und 9 erläutert:

> Ich erkläre nämlich, daß Christus ein Diener der Beschneidung geworden ist zum Erweis der Treue Gottes, um die den Vätern gegebenen Verheißungen festzumachen; die Völker aber mögen Gott rühmen für sein Erbarmen.

Paulus stellt hier Christus ganz und gar in die Linie der Geschichte der Bundesschlüsse Gottes mit seinem Volk Israel. Christus bedeutet nicht das Ende eines alten Bundes und den Beginn eines neuen, sondern indem er die den Vätern gegebenen Verheißungen bestätigt und erfüllt, wird er »zum Erweis der Treue Gottes«. Die so wiedergegebene Wendung des griechischen Textes lautet in wörtlicher Übersetzung: »für Gottes Wahrheit«. Aber hinter »Wahrheit« steht hier das hebräische Wort *aemaet;* und der Textzusammenhang macht deutlich, daß Paulus Gottes Bundestreue herausstellen will. Und so kann er Christus ganz pointiert als »Diener der Beschneidung« bezeichnen, als Bevollmächtigten Gottes, der in seinem Auftrag dem jüdischen Volk dient. »Beschneidung« meint ja nicht nur die Judenchristen, sondern alle »Beschnittenen«, das ganze jüdische Volk. Dessen Diener ist Christus geworden; und er bleibt es, wie die Perfektform des griechischen Verbs deutlich macht. Den Völkern aber kommt es zu, den seinem Verheißungswort treuen Gott zu rühmen. Sie können es, weil sie durch Christus in diese Verheißungsgeschichte mit hineingenommen worden sind. Dafür führt Paulus in den Versen 9 bis 12 vier Schriftstellen zur Begründung an. In dem den Abschnitt abschließenden Segenswunsch in Vers 13 wird Gott, der den Vätern die Verheißungen gegeben hat, »Gott der Hoffnung« genannt und entsprechend den Adressaten ein Übermaß an Hoffnung gewünscht. Das zeichnet sie aus, daß sie Hoffnung haben aufgrund des Verheißungswortes, das Gott gegeben hat und zu dem er steht. Deshalb sollen sie ihn rühmen. Der Freiheit des erwählenden und treuen Gottes, der seine Wege zum Ziel führen wird, entspricht das Lob der auf ihn Hoffenden.

Mit Israel steht die Gemeinde Jesu Christi in der Erwartung. Weil sie weiß, daß der Bund Gottes mit seinem Volk ein ungekündigter Bund ist, hört sie mit Respekt und aufmerksamer Neugier auch die Auslegung der Schrift durch Israel bis heute. So kann sie die auf dem siebenarmigen Leuchter vor dem Parlamentsgebäude in Jerusalem im Bild gegebene Auslegung von Ezechiel 37 nach- und mitvollziehen, die in der Rückkehr der Juden ins Land Israels ein Zeichen der Treue Gottes zu seinem Volk erkennt. Diese geschichtliche »Einlösung« des großartigen Hoffnungsbildes von Ezechiel 37 ist wohl ein Zeichen, aber auch nur ein Zeichen, »nur ein Gleichnis«, dem es an Widersprüchlichkeit nicht fehlt. Das kommt an dem Leuchter vor dem Parlamentsgebäude unübersehbar darin zum Ausdruck, daß unter seinen Reliefs ein Satz aus Sacharja 4,6 steht: »Nicht durch Heer und nicht durch Gewalt, sondern durch meinen Geist, spricht der HERR Zebaoth.« Das Zeichen verweist zugleich in die erhoffte Zukunft, auf daß endlich wahr werde, was dieser Satz sagt – und was doch auch in dem wirklichen Gleichnis der Auferweckung Jesu schon wahr geworden ist.

Stellenregister

KAISER TASCHENBÜCHER

21 Eberhard und Renate Bethge (Hg.), Letzte Briefe im Widerstand. Aus dem Kreis der Familie Bonhoeffer, 135 Seiten, kart. ISBN 3-459-01718-X

22 Wolfgang Huber/Heinz E. Tödt, Menschenrechte. Perspektiven einer menschlichen Welt, 244 Seiten, kart. ISBN 3-459-01721-X

23 Wolfgang Huber, Kirche, 240 Seiten, kart. ISBN 3-459-01722-8

24 Gustav W. Heinemann, Es gibt schwierige Vaterländer... Aufsätze und Reden 1919–1969, hg. von Helmut Lindemann, 395 Seiten, kart. ISBN 3-459-01723-6

25 Manfred Josuttis, Praxis des Evangeliums zwischen Politik und Religion. Grundprobleme der Praktischen Theologie, 272 Seiten, kart. ISBN 3-459-01732-5

26 Jürgen Moltmann (Hg.), Friedenstheologie – Befreiungstheologie. Analysen – Berichte – Meditationen, 148 Seiten, kart. ISBN 3-459-01728-7 (Originalausgabe)

27 Michael Trowitzsch, Die bunte Gnade Gottes. Von der Einbildungskraft des Glaubens, 140 Seiten, kart. ISBN 3-459-01726-0 (Originalausgabe)

28 Hans Joachim Iwand, Frieden mit dem Osten. Texte 1933–1959, hg. von Gerard C. den Hertog unter Mitarbeit von Klaus Geyer, Jürgen Seim und Dieter Schellong, 236 Seiten, kart. ISBN 3-459-01727-9 (Originalausgabe)

29 Leonore Siegele-Wenschkewitz (Hg.), Verdrängte Vergangenheit, die uns bedrängt. Feministische Theologie in der Verantwortung für die Geschichte, 280 Seiten, kart. ISBN 3-459-01730-9 (Originalausgabe)

30 Luise und Willy Schottroff, Die Macht der Auferstehung. Sozialgeschichtliche Bibelauslegungen, 132 Seiten, kart. ISBN 3-459-01725-2 (Originalausgabe)

31 Waldemar Pisarski, Anders trauern – anders leben, 114 Seiten, kart. ISBN 3-459-01733-3

32 Reiner Strunk, Nachfolge Christi. Erinnerung an eine evangelische Provokation, 263 Seiten, kart. ISBN 3-459-01731-7

33 Hans-Christoph Piper, Kranksein. Erleben und Lernen, 72 Seiten, kart. ISBN 3-459-01729-5

35 Gerd Theißen, Soziologie der Jesusbewegung. Ein Beitrag zur Entstehungsgeschichte des Urchristentums, 115 Seiten, kart. ISBN 3-459-01765-1

KAISER TASCHENBÜCHER

36 Gerd Theißen, Argumente für einen kritischen Glauben. Oder: Was hält der Religionskritik stand?, 130 Seiten, kart. ISBN 3-459-01766-X

37 N. Peter Levinson, Dem Andenken der Gerechten. Nachrufe, 115 Seiten, kart. ISBN 3-459-01767-8 (Originalausgabe)

38 Dietrich Ritschl, Zur Logik der Theologie. Kurze Darstellung der Zusammenhänge theologischer Grundgedanken, 368 Seiten, kart. ISBN 3-459-01768-6

39 Helmut Breit, Wenn uns ein Licht aufgeht. Kalenderblätter im Dezember, 120 Seiten, kart. ISBN 3-459-01769-4

40 Helmut Gollwitzer/Pinchas Lapide, Ein Flüchtlingskind. Auslegungen zu Lukas 2, 100 Seiten, kart. ISBN 3-459-01770-8

41 Dietrich Bonhoeffer, Gemeinsames Leben, 124 Seiten, kart. ISBN 3-459-01771-6

42 Helmut Gollwitzer, Dennoch bleibe ich stets an dir... Predigten aus dem Kirchenkampf 1937–1940, hg. von Joachim Hoppe, Ausgewählte Werke Bd. 1, 208 Seiten, kart. ISBN 3-459-01772-4 (Originalausgabe)

43 Helmut Gollwitzer, Die Existenz Gottes im Bekenntnis des Glaubens, hg. von Peter Winzeler, Ausgewählte Werke Bd. 2, 208 Seiten, kart. ISBN 3-459-01773-2

44 Helmut Gollwitzer, Mensch, du bist gefragt. Reflexionen zur Gotteslehre, hg. von Peter Winzeler, Ausgewählte Werke Bd. 3, 336 Seiten, kart. ISBN 3-459-01774-0 (Originalausgabe)

45 Helmut Gollwitzer, ... daß Gerechtigkeit und Friede sich küssen. Aufsätze zur politischen Ehtik Bd. 1, hg. von Andreas Pangritz, Ausgewählte Werke Bd. 4, 256 Seiten, kart. ISBN 3-459-01775-9 (Originalausgabe)

46 Helmut Gollwitzer, ... daß Gerechtigkeit und Friede sich küssen. Aufsätze zur politischen Ethik Bd. 2, hg. von Andreas Pangritz, Ausgewählte Werke Bd. 5, 400 Seiten, kart. ISBN 3-459-01776-7 (Originalausgabe)

47 Helmut Gollwitzer, Umkehr und Revolution. Aufsätze zu christlichem Glauben und Marxismus Bd. 1, hg. von Christian Keller, Ausgewählte Werke Bd. 6, 288 Seiten, kart. ISBN 3-459-01777-5 (Originalausgabe)

48 Helmut Gollwitzer, Umkehr und Revolution. Aufsätze zu christlichem Glauben und Marxismus Bd. 2, hg. von Christian Keller, Ausgewählte Werke Bd. 7, 288 Seiten, kart. ISBN 3-459-01778-3 (Originalausgabe)

KAISER TASCHENBÜCHER

49 Helmut Gollwitzer, Auch das Denken darf dienen. Aufsätze zu Theologie und Geistesgeschichte Bd. 1, hg. von Friedrich-Wilhelm Marquardt, Ausgewählte Werke Bd. 8, 432 Seiten, kart. ISBN 3-459-01779-1 (Originalausgabe)

50 Helmut Gollwitzer, Auch das Denken darf dienen. Aufsätze zu Theologie und Geistesgeschichte Bd. 2, hg. von Friedrich-Wilhelm Marquardt, Ausgewählte Werke Bd. 9, 288 Seiten, kart. ISBN 3-459-01780-5 (Originalausgabe)

51 Bibliographie Helmut Gollwitzer, hg. von Christa Haehn, mit einem Essay „Helmut Gollwitzer. Weg und Werk" von Friedrich-Wilhelm Marquardt, Ausgewählte Werke Bd. 10, 176 Seiten, kart. ISBN 3-459-01781-3 (Originalausgabe)

52 James W. Fowler, Glaubensentwicklung. Perspektiven für Seelsorge und kirchliche Bildungsarbeit, eingeführt und herausgegeben von Friedrich Schweitzer. Aus dem amerikanischen Englisch übersetzt von Sieglinde Denzel und Susanne Naumann, 179 Seiten, kart. ISBN 3-459-01797-X (Originalausgabe)

53 Die heilsame Reise. Kurze Geschichten zum Nachdenken, hg. von Ulrich Kabitz mit Lore Graf, Martin Lienhard und Reinhard Pertsch, 170 Seiten, kart. ISBN 3-459-01798-8 (Originalausgabe)

54 Gert Otto, Sprache als Hoffnung. Über den Zusammenhang von Sprache und Leben, 110 Seiten, kart. ISBN 3-459-01799-6 (Originalausgabe)

55 Alfred Walter, AIDS als Versuchung. Christliche Existenz und schwere Krankheit, 185 Seiten, kart. ISBN 3-459-01800-3 (Originalausgabe)

56 Gustav W. Heinemann, Unser Grundgesetz ist ein großes Angebot. Rechtspolitische Schriften, hg. von Jürgen Schmude, 270 Seiten, kart. ISBN 3-459-01801-1 (Originalausgabe)

57 Frieden und Gerechtigkeit. Auf dem Weg zu einer ökumenischen Friedensethik, hg. von Götz Planer-Friedrich, 236 Seiten, kart. ISBN 3-459-01802-X (Originalausgabe)

58 Hans Frör, Spielend bei der Sache. Spiele für Gruppen, 104 Seiten, kart. ISBN 3-459-01803-8

59 Arnold Gilg, Weg und Bedeutung der altkirchlichen Christologie, 108 Seiten, kart. ISBN 3-459-01804-6

60 Yorick Spiegel, Der Prozeß des Trauerns. Analyse und Beratung, 324 Seiten, kart. ISBN 3-459-01805-4

61 Jürgen Moltmann, Kirche in der Kraft des Geistes. Ein Beitrag zur messianischen Ekklesiologie, 407 Seiten, kart. ISBN 3-459-01806-2

KAISER TASCHENBÜCHER

62 Ulrich Duchrow, Gert Eisenbürger, Joachim Hippler (Hg.), Totaler Krieg gegen die Armen. Geheime Strategiepapiere der amerikanischen Militärs, 256 Seiten, kart. ISBN 3-459-01817-8

63 Konrad Raiser, Ökumene im Übergang. Paradigmenwechsel in der ökumenischen Bewegung, 205 Seiten, kart. ISBN 3-459-01818-6

64 Friedrich-Wilhelm Marquardt, Aber Zion nenne ich Mutter...Evangelische Israel-Predigten mit jüdischen Antworten. Herausgegeben von Joachim Hoppe, 180 Seiten, kart. ISBN 3-459-01819-4

65 Jens Müller-Kent, Vermächtnis für die Zukunft. Gespräche mit Helmut Gollwitzer und Kurt Scharf, 180 Seiten, kart. ISBN 3-459-01827-5

66 Ursula Baltz-Otto, Poesie wie Brot, Religion und Literatur: Gegenseitige Herausforderung, 176 Seiten, kart. ISBN 3-459-01828-3

67 Albert H. Friedlander, Ein Streifen Gold. Auf Wegen zur Versöhnung, 180 Seiten, kart. ISBN 3-459-01829-1

68 Erwin Ringel, Selbstmord. Appell an die anderen, 100 Seiten, kart. ISBN 3-459-01831-3

69 Eberhard Bethge, Dietrich Bonhoeffer. Eine Biographie, 1129 Seiten, kart. ISBN 3-459-01830-5

70 Albrecht Grözinger, Erzählen und Handeln. Studien zu einer trinitarischen Grundlegung der Praktischen Theologie, 130 Seiten, kart. ISBN 3-459-01832-1 (Originalausgabe)

71 Das Volk will Ochs und Esel. Ein anderes Weihnachtsbuch. Herausgegeben von Ursula Baltz-Otto, 190 Seiten, kart. ISBN 3-459-01833-X (Originalausgabe)

72 Kirchentag '89. Berichte und Materialien aus Berlin. Deutscher Evang. Kirchentag 1989. Herausgegeben im Auftrag des Deutschen Evangelischen Kirchentages von Rüdiger Runge, 256 Seiten mit 16 Seiten Abbildungen, kart. ISBN 3-459-01835-6 (Originalausgabe)

73 Hans Frör, Wie eine wilde Blume. Biblische Liebesgeschichten, 108 Seiten, kart. ISBN 3-459-01844-5 (Originalausgabe)

74 Jürgen Moltmann (Hg.), Religion der Freiheit. Protestantismus in der Moderne, 110 Seiten, kart. ISBN 3-459-01845-3 (Originalausgabe)

75 Ulrich H.J. Körtner, Theologie in dürftiger Zeit. Ein Essay, 110 Seiten, kart. ISBN 3-459-01846-1 (Originalausgabe)

KAISER TASCHENBÜCHER

76 Keine Zeit für Kinder? Fragen, Einsprüche, Ermunterungen. Herausgegeben im Auftrag des Deutschen Evangelischen Kirchentages von Konrad von Bonin, 140 Seiten, kart. ISBN 3-459-01847-X (Originalausgabe)

77 Bob Goudzwaard/Harry M. de Lange, Weder Armut noch Überfluß. Plädoyer für eine neue Ökonomie. Übersetzt aus dem Holländischen von Paulander Hausmann und Ernst-Albert Scharffenorth. Eingeleitet und für den bundesdeutschen Kontext bearbeitet von Hans Diefenbacher, 130 Seiten, kart. ISBN 3-459-01848-8 (Originalausgabe)

78 Friedrich Siegmund-Schultze, Friedenskirche, Kaffeeklappe und die ökumenische Vision. Texte 1910–1969. Herausgegeben von Wolfgang Grünberg in Zusammenarbeit mit Elisabeth Hesse, Hans Gressel, Klaus Rehbein, Torsten Schweda und Wolfram Weiße. Mit einem Geleitwort von Wolfgang Huber, 456 Seiten, kart. ISBN 3-459-01849-6 (Originalausgabe)

79 Bengt Hägglund, Geschichte der Theologie. Ein Abriß, 360 Seiten, kart. ISBN 3-459-01850-X

80 Walter Kreck, Grundfragen christlicher Ethik, 393 Seiten, kart. ISBN 3-459-01851-8

81 Jacqui Lee Schiff/Beth Day, Alle meine Kinder. Heilung der Schizophrenie durch Wiederholen der Kindheit, 199 Seiten, kart. ISBN 3-459-01852-6

82 Kurt Lückel, Begegnung mit Sterbenden, 240 Seiten, kart. ISBN 3-459-01853-4

83 Johannes Sløk, Christentum mit Leidenschaft. Ein Weg-Weiser zur Gedankenwelt Søren Kierkegaards. Übersetzt aus dem Dänischen von Ulrich Panzer, 176 Seiten, kart. ISBN 3-459-01854-2 (Originalausgabe)

84 Albert H. Friedlander, Leo Baeck. Leben und Lehre. Mit einem Nachwort in der Taschenbuchauflage von Albert H. Friedlander und Bertold Klappert, 350 Seiten, kart. ISBN 3-459-01855-0

86 Erhard Eppler, Reden auf die Republik. Deutschlandpolitische Texte 1952–1990. Mit einem einleitenden Beitrag von Joachim Garstecki. Herausgegeben von Wolfgang Brinkel, 176 Seiten, kart. ISBN 3-459-01857-7 (Originalausgabe)

87 Manfred Josuttis und Dietrich Stollberg (Hg.), Ehe-Bruch im Pfarrhaus. Zur Seelsorge in einer alltäglichen Lebenskrise, 248 Seiten, kart. ISBN 3-459-01868-2 (Originalausgabe)

88 Walter Rebell, Zum neuen Leben berufen. Kommunikative Gemeindepraxis im frühen Christentum, 230 Seiten, kart. ISBN 3-459-01869-0 (Originalausgabe)

KAISER TASCHENBÜCHER

89 Martin Dibelius, Geschichte der urchristlichen Literatur. Neudruck der Erstausgabe von 1926 unter Berücksichtigung der Änderungen der englischen Übersetzung von 1936. Herausgegeben von Ferdinand Hahn, 190 Seiten, kart. ISBN 3-459-01870-4

90 Walter J. Hollenweger, Erfahrungen der Leibhaftigkeit. Interkulturelle Theologie, 388 Seiten, kart. ISBN 3-459-01871-2

91 Hans Walter Wolff, Anthropologie des Alten Testaments, 368 Seiten, kart. ISBN 3-459-01872-0

92 Carrin Dunne, Buddha und Jesus. Gespräche. Mit einem Vorwort von Michael von Brück. Aus dem amerikanischen Englisch übersetzt von Regina von Brück, 110 Seiten, kart. ISBN 3-459-01873-9 (Originalausgabe)

93 Gustav W. Heinemann, Glaubensfreiheit – Bürgerfreiheit, Reden und Aufsätze. Kirche – Staat – Gesellschaft 1945–1975. Hg. von Diether Koch, 348 Seiten, kart. ISBN 3-459-01874-7

94 Wir sind die Hälfte. Frauen-Erfahrungen. Hg. von Carola Wolf, 178 Seiten, kart. ISBN 3-459-01875-5 (Originalausgabe)

95 Gottes lebendiger Geist. Kirchentag 1991, Themen und Akzente. Ein Vorbereitungsbuch. Herausgegeben von Wolfgang Brinkel und Heike Hilgendiek, 340 Seiten, kart. ISBN 3-459-01876-3 (Originalausgabe)

96 Heinz Flügel, Im Club von Jerusalem, Gespräche um Jesus von Nazareth, 170 Seiten, kart. ISBN 3-459-01879-8 (Originalausgabe)

97 Klaus Wengst, Ostern – Ein wirkliches Gleichnis, eine wahre Geschichte. 104 Seiten, kart. ISBN 3-459-01892-5 (Originalausgabe)

98 Sigrun Koch, Steine auf dem Acker der Vergangenheit. Eine Erzählung um Abraham, Sara und Jizchak. 120 Seiten, kart. ISBN 3-459-01893-3 (Originalausgabe)

99 Elisabeth Moltmann-Wendel/Jürgen Moltmann, Als Frau und Mann von Gott reden. 116 Seiten, kart. ISBN 3-459-01894-1 (Originalausgabe)

100 Dietrich Bonhoeffer, Widerstand und Ergebung. Briefe und Aufzeichnungen aus der Haft. Herausgegeben von Eberhard Bethge. Mit einem Nachwort von Christian Gremmels, 240 Seiten, kart. ISBN 3-459-01877-1

101 Wolfgang Schildmann, Was sind das für Zeichen? Karl Barths Träume im Kontext von Leben und Lehre. 180 Seiten, kart. ISBN 3-459-01895-X (Originalausgabe)

102 Eberhard Jüngel, Zur Freiheit eines Christenmenschen. Eine Erinnerung an Luthers Schrift. 128 Seiten, kart. ISBN 3-459-01896-8